M. Niranjanamurthy
S. Balamurugan

Princípios de teste de softwares

M. Niranjanamurthy
S. Balamurugan

Princípios de teste de softwares

ScienciaScripts

Imprint

Any brand names and product names mentioned in this book are subject to trademark, brand or patent protection and are trademarks or registered trademarks of their respective holders. The use of brand names, product names, common names, trade names, product descriptions etc. even without a particular marking in this work is in no way to be construed to mean that such names may be regarded as unrestricted in respect of trademark and brand protection legislation and could thus be used by anyone.

Cover image: www.ingimage.com

This book is a translation from the original published under ISBN 978-620-2-31502-9.

Publisher:
Sciencia Scripts
is a trademark of
Dodo Books Indian Ocean Ltd. and OmniScriptum S.R.L publishing group

120 High Road, East Finchley, London, N2 9ED, United Kingdom
Str. Armeneasca 28/1, office 1, Chisinau MD-2012, Republic of Moldova, Europe
Printed at: see last page
ISBN: 978-620-8-07195-0

SOBRE OS AUTORES

Dr. Niranjanamurthy M, Professor Assistente, Departamento de Aplicações Informáticas, Instituto de Tecnologia M S Ramaiah, Bangalore, Karnataka. É doutorado em Informática pela JJTU, Rajasthan (2016), MPhil-Computer Science pela VMU, Salem (2009), MCA pela VTU, Belgaum, Karnataka (2007). [th]BCA da Universidade de Kuvempu em 2004 com a classificação 5. Tem 8* anos de experiência de ensino e 2 anos de experiência industrial como engenheiro de software. Publicou 33 livros em várias conferências nacionais/internacionais/jornais internacionais. Atualmente, orienta três estudantes de doutoramento. Trabalha como revisor em 22 revistas internacionais. Por duas vezes, foi distinguido como o melhor revisor de uma revista de investigação. Recebeu o Prémio Jovem Investigador - Engenharia Informática - Global Outreach Education Awards 2018. Trabalhou como examinador nacional/internacional de doutoramento. Realizou vários workshops a nível nacional e proferiu palestras. Realizou conferências nacionais e internacionais. As suas áreas de interesse são E-commerce e M-commerce relacionados com a extensão de ferramentas internas da indústria, Testes de Software, Engenharia de Software,
Serviços Web, tecnologias Web, computação em nuvem, análise de grandes volumes de dados e redes.

O Dr. S. Balamurugan é Diretor de Investigação e Desenvolvimento na Mindnotix Technologies, Índia. **Publicou** mais de **150 artigos** em várias revistas e conferências internacionais e **é autor ou coautor de 15 livros.** Atualmente, está a trabalhar na autoria de mais três livros. Como Diretor de Investigação e Desenvolvimento na Mindnotix, ele e a sua equipa ganharam o **CSI Young IT Professional Award 2017 para a Região 7, apresentado pela Computer Society of India**, Coimbatore Chapter. Recebeu também o **prémio de**

melhor investigador da IARA, o **certificado de excecionalidade** da ASDF, **o prémio de jovem cientista** e **o prémio de melhor jovem investigador**. Recebeu um **doutoramento honorário** pela sua contribuição significativa para a investigação e o desenvolvimento na sociedade e foi selecionado para o **prémio de melhor diretor de 2018**. Durante os seus estudos de B.T.E. no PSG College of Technology, na Índia, desempenhou as funções de Secretário Conjunto da ITA. Entre 2013 e 2016, conduziu um projeto de consultoria na área da saúde para os Hospitais VGM e os seus actuais projectos de investigação incluem **"Women Empowerment using IoT", "Health- Aware Smart Chair", "Advanced Brain Simulators".**
for Assisting Physiological Medicine", "Designing Novel Health Bands" e "IoT -based Devices for Assisting Elderly People". As suas actividades profissionais incluem funções como editor associado, membro do conselho editorial e/ou revisor em **mais de 100 revistas e conferências internacionais e em 2 editoras de livros.** Foi presidente de sessão convidado em mais de 25 conferências e foi convidado como **convidado principal/pessoa de recurso** por muitas faculdades filiadas na Universidade de Anna e na Universidade de Bharathiyar. A sua biografia consta da lista do **"World Book of Researchers" 2018, Oxford, Reino Unido, e da edição de 2018 do "Marquis WHO'S WHO", Nova Jérsia, EUA**. Os seus interesses de investigação incluem a modelação de objectos, a realidade aumentada, a Internet das Coisas, a análise de grandes volumes de dados, a computação FOG e a computação vestível. É membro vitalício da ACM, IEEE, ISTE e CSI.

SOBRE O LIVRO

Este livro é um guia ideal para B.E.. B.Tech., B.S., B.Sc, B.C.A., estudantes de licenciatura em ciências e engenharia informática, tecnologia da informação, eletrónica e engenharia da comunicação que pretendam realizar projectos sobre comércio eletrónico e m-commerce. Os estudantes que frequentam programas de pós-graduação em Ciências e Engenharia, M.E., M.Tech., M.S., M.Sc. e M.C.A. considerarão este livro útil para os seus projectos. Os investigadores que trabalham no domínio das aplicações de comércio eletrónico considerarão este livro uma referência útil para os seus projectos de investigação de mestrado, doutoramento e outros projectos de pós-graduação. Os engenheiros de software e os analistas empresariais que trabalham no sector das TI e das ITES, especialmente nas áreas do comércio eletrónico e do e-business, considerarão este livro um recurso útil. Em conclusão, acreditamos que o leitor encontrará neste livro um guia verdadeiramente útil e uma valiosa fonte de informação sobre os fundamentos do comércio eletrónico e do m-commerce.

DEDICAÇÃO

Este livro é dedicado a todos os estudantes de todo o mundo que queiram mergulhar na exploração dos testes de software. Quando este livro for impresso, a vossa descoberta pode começar. Tudo de bom!

Capítulo 1

INTRODUÇÃO AO TESTE DE SOFTWARE

O teste de software é o processo de avaliação de um produto de software com o objetivo de reconhecer as diferenças entre o input dado e o output esperado. Os testes também avaliam a qualidade do produto. O teste de software é um processo que deve ser efectuado durante o processo de desenvolvimento. Por outras palavras, o teste de software é um processo de validação e verificação. A execução de um sistema para identificar lacunas, erros ou requisitos em falta, por oposição aos desejos ou requisitos reais, é um teste. Os testes de caixa branca (ou caixa de vidro) envolvem a introdução de dados no sistema e a verificação da forma como o sistema processa os dados para produzir o resultado. Nos testes de caixa negra, as entradas são introduzidas no sistema e o resultado é verificado sem se analisar a forma como o resultado é gerado. Os testes de caixa branca e de caixa de vidro são combinados para formar os testes de caixa cinzenta. O testador tem pouco conhecimento do funcionamento interno do software. Tanto o resultado como o processo que leva à geração do resultado são testados. O teste de software é um método de avaliação da funcionalidade de um programa de software. Os testes de software dividem-se em duas categorias principais: testes dinâmicos e testes estáticos. Neste livro de síntese, discutimos o que é

Testes, terminologia utilizada nos testes, níveis nos testes e comparação entre testes manuais e automatizados, comparação entre as ferramentas Selenium e QTP e comparação entre testes de caixa preta, branca e cinzenta.

O teste de software é o processo de identificação da segurança, da correção, da integridade e da qualidade do software informático desenvolvido. O teste é um processo de pesquisa/investigação técnica realizado em nome das partes interessadas para determinar informações relacionadas com a qualidade do produto no que respeita às circunstâncias em que se pretende que funcione. Isto inclui, mas não se limita a, o processo de execução de um programa ou aplicação para efeitos de depuração. A qualidade é um valor para uma pessoa e não é absoluta. Os testes nunca podem captar totalmente a correção de qualquer software de computador. Os testes permitem comparar o estado e o comportamento do produto com uma especificação.

Testes de caixa negra - A conceção interna do sistema não foi tida em conta nestes testes. Os testes baseiam-se nos requisitos e na funcionalidade.

Teste de caixa branca - O teste baseia-se no conhecimento da lógica interna do código de uma aplicação, também conhecido como teste de caixa de vidro. O funcionamento interno de um código e de um software deve ser conhecido. Os testes baseiam-se na cobertura de ramos, caminhos, condições e instruções de código.

Teste de caixa cinzenta - O teste de caixa cinzenta é uma técnica em que a aplicação é testada com uma quantidade limitada de conhecimentos sobre o seu funcionamento interno.

Quando se testa software, o lema "quanto mais se sabe, melhor é" é muito importante.

No mundo atual da Internet, em rápido crescimento, os clientes querem que os produtos sejam implementados e actualizados mais rapidamente do que os outros concorrentes. Os clientes exigem que as versões de software com novas funcionalidades sejam implementadas o mais rapidamente possível, mas não gostam de software com erros. Como a próxima versão do produto será lançada nos próximos dias, será testada durante alguns dias antes de ser entregue. Por conseguinte, devido ao curto período de tempo ou aos lançamentos constantes, são introduzidos mais erros nos produtos que serão corrigidos na versão seguinte, certo? Sim, este modelo tem definitivamente os seus próprios problemas. O lançamento de tais aplicações/software com tantos bugs pode afetar a experiência do utilizador, o que se reflecte na impressão de qualidade da marca da empresa. As pessoas lembrar-se-ão do produto entregue de má qualidade. Por conseguinte, os testes desempenham um papel importante no SDLC.

Eis os benefícios dos testes de software no ciclo de vida do desenvolvimento de software: Os testes devem ser introduzidos na fase inicial do SDLC. O custo da correção de erros é bastante elevado se os testes não forem efectuados na fase inicial e os erros forem encontrados em fases posteriores.

No mercado competitivo de hoje, só a qualidade dos produtos se mantém durante muito tempo, pelo que, para produzir produtos de boa qualidade, é necessário garantir que os testes de aplicações são o fator mais importante no SDLC.

Como não é possível tornar a aplicação informática isenta de erros, é necessário efetuar um teste.

A parte mais importante dos testes é o desenvolvimento. O ambiente de desenvolvimento é diferente do ambiente de teste e os testes efectuados no ambiente de teste são semelhantes aos do ambiente de produção. [10]

Saber o que são testes de software.

Compreender os níveis de teste de software

Conhecimento da terminologia utilizada nos testes.

Comparação de testes manuais e automatizados

Comparação das ferramentas Selenium e QTP

Comparação dos ensaios caixa preta, caixa branca e caixa cinzenta

TRABALHO EM REDE

O teste de software é a parte crucial do desenvolvimento de software quando se trata de fornecer um produto de software de alta qualidade e sem erros, e o processo de automatização do teste de software é importante para o sucesso do projeto. Os testes são necessários porque a fiabilidade do software é descrita pelos testes e cerca de cinquenta por cento do orçamento do desenvolvimento de software é gasto em testes de projectos de software. [1]

Um processo de desenvolvimento de software, também conhecido como ciclo de vida de desenvolvimento de software (SDLC), é uma estrutura especificada para o desenvolvimento de produtos de software. O teste de software/aplicação refere-se ao processo de verificação do software com a intenção de encontrar erros. O teste de software é uma técnica que tem por objetivo avaliar um atributo ou capacidade de um programa ou produto e determinar se este cumpre a sua qualidade. Os testes de software também são utilizados para verificar outros factores de qualidade do software, como a integridade, a usabilidade, a segurança, o desempenho, a portabilidade, a fiabilidade, a capacidade de manutenção, a compatibilidade, etc. [2]. [2]

Os testes de software identificam defeitos, vulnerabilidades ou erros no código da aplicação que precisam de ser previamente determinados. Podemos também definir o teste de software como um processo em que a funcionalidade e a correção do software são determinadas através da sua análise.

O principal objetivo dos testes pode ser garantir a qualidade, a fiabilidade, a estimativa, a validação e a verificação. O teste de software é a componente fundamental da garantia de qualidade do software e representa uma revisão da conceção, da codificação e da especificação. O principal objetivo dos testes de software é confirmar a qualidade do sistema de software, testando sistematicamente o software em condições cuidadosamente controladas. Um outro objetivo é determinar a integridade e a correção do software e, finalmente, descobrir erros não detectados. [3]

Os testes desempenham um papel importante no desenvolvimento de software, do qual depende crucialmente a fiabilidade e a qualidade do produto fornecido. Os testes não se limitam à deteção de "bugs" no software, mas também aumentam a confiança no seu correto funcionamento e ajudam a avaliar as propriedades funcionais e não funcionais. As actividades associadas aos testes abrangem todo o processo de desenvolvimento e podem representar uma grande parte do esforço necessário para criar software. Neste livro, apresentamos uma visão detalhada dos testes de software. Desde a definição, organização e níveis de teste até às técnicas de teste, execução de testes e análise da eficácia dos casos de teste. A importância da amplitude é maior do que a da profundidade. Devido à enorme quantidade de tópicos, a tentativa será abrangente. Para cada um dos tópicos abordados, é dada apenas uma breve descrição e referências úteis para leituras complementares[4].

A cobertura dos testes é um indicador importante da qualidade do software e um componente essencial do software

Manutenção. Ajuda a avaliar o sucesso dos testes, fornecendo dados sobre muitos pontos de cobertura diferentes. Embora tenham sido efectuados muitos esforços de investigação para obter informações sobre a cobertura, quer através de testes baseados no código, quer através de testes baseados nos requisitos. No entanto, a medição e a análise da cobertura dos testes, tendo em conta um número máximo de itens de cobertura, quase não foram consideradas. Este livro dá a conhecer a investigação atual sobre cobertura de testes realizada por outros investigadores na área dos testes de software. Com as técnicas actuais, as lacunas e a medição não descoberta da cobertura de testes podem ser mais exploradas. [5]

Terminologia:

Erro - Um resultado incorreto causado por uma ação humana.

Erro [ou defeito] - Uma etapa, um processo ou uma definição de dados incorrecta num programa.

Falha - A incapacidade de um sistema ou componente de cumprir a função requerida dentro dos requisitos de desempenho especificados.

Bug - "Um bug informático é um erro, engano, falha, erro ou mau funcionamento de um programa informático que o impede de funcionar corretamente ou produz um resultado incorreto ou diferente. Os bugs resultam de erros e falhas cometidos por humanos, quer no código fonte de um programa, quer na sua conceção."

Erro - A diferença entre um valor ou condição calculado, observado ou medido e o valor ou condição verdadeiro, declarado ou teoricamente correto.

Especificação - Um documento no qual os requisitos, a conceção, o comportamento ou outras caraterísticas de um sistema ou componente são especificados de forma exacta e completa, de uma forma verificável, e frequentemente o processo de determinar se estas disposições foram cumpridas. Observamos erros que podem frequentemente ser associados a falhas. Mas a origem efectiva do erro é frequentemente muito difícil de encontrar[6].

FASES DO TESTE DE SOFTWARE

Os níveis de teste servem essencialmente para identificar áreas em falta e evitar sobreposições e repetições entre as fases do ciclo de vida do desenvolvimento. Nos modelos de ciclo de vida de desenvolvimento de software, existem fases definidas, como a recolha de requisitos e a codificação, a conceção, a análise ou a implementação, a implantação e o teste. Cada fase é seguida de testes. Por conseguinte, existem diferentes fases de teste.

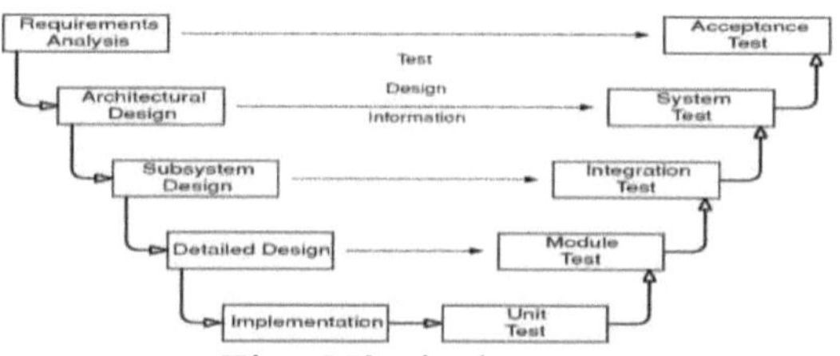
Fig.: Níveis de teste

As diferentes fases do teste são

Testes unitários: são basicamente efectuados pelos programadores para garantir que o seu código funciona bem e cumpre as especificações do utilizador. Testam os trechos de código que escreveram, como funções, classes, interfaces e procedimentos.

Objectives	To test the function of a program or unit of code such as a program or module,To test internal logic,To verify internal design,To test path & conditions coverage,To test exception conditions & error handling,To test the function of a program or unit of code such as a program or module,To test internal logic,To verify internal design,To test path & conditions coverage,To test exception conditions & error handling
When	After modules are coded
Who	Developer
Input	Internal Application Design,Master Test Plan,Unit Test Plan
Output	Unit Test Report
Methods	White Box testing techniques,Test Coverage techniques
Tools	Debug,Re-structure,Code Analyzers,Path/statement coverage tools

Teste de componentes: Também é conhecido como teste de módulos. A principal diferença entre os testes de unidades e os testes de componentes é que nos testes de unidades os programadores apenas testam parte do código, enquanto nos testes de componentes é testado todo o componente. Um exemplo: Numa aplicação de acompanhamento de estudantes, existem dois módulos, um dos quais armazena os registos dos estudantes e o outro carrega os resultados dos estudantes. Ambos os módulos são desenvolvidos separadamente e, quando são testados separadamente, chama-se a isto teste de componentes ou de módulos.

Testes de integração: Os testes de integração são efectuados quando dois módulos são combinados para testar o comportamento e a funcionalidade dos dois módulos após a combinação. Os tipos de testes de integração são indicados a seguir:

Testes de integração big bang

De cima para baixo

De baixo para cima

Funcionalmente incremental

Objectives	To technically verify proper interfacing between modules, and within sub-systems
When	After modules are unit tested
Who	Developers
Input	Internal & External Application Design ,Master Test Plan ,Integration Test Plan
Output	Integration Test report
Methods	White and Black Box techniques ,Problem / Configuration Management
Tools	Debug ,Re-structure ,Code Analyzers

Teste de integração de componentes: Se ambos os módulos ou componentes estiverem integrados no exemplo acima, o teste é chamado de teste de integração de componentes. Estes testes são sempre efectuados para garantir que o código não quebra depois de os dois módulos terem sido integrados.

Testes de integração do sistema: Os testes de integração do sistema (SIT) são testes em que os testadores verificam basicamente que, no mesmo todos os sistemas associados devem ser capazes de manter a integridade dos dados e trabalhar em coordenação com outros sistemas.

Testes de sistema: Durante os testes de sistema, os testadores verificam sempre a compatibilidade da aplicação com o sistema.

Objectives	To verify that the system components perform control functions,To perform inter-system test,To demonstrate that the system performs both functionally and operationally as specified,To perform appropriate types of tests relating to Transaction Flow, Installation, Reliability, Regression etc.
When	After Integration Testing
Who	Development Team and Users
Input	Detailed Requirements & External Application Design,Master Test Plan,System Test Plan
Output	System Test Report
Methods	Problem / Configuration Management
Tools	Recommended set of tools

Testes de aceitação: O teste de aceitação é efectuado principalmente para garantir que os requisitos da especificação são cumpridos.

Objectives	To verify that the system meets the user requirements
When	After System Testing
Who	User / End User
Input	Business Needs & Detailed Requirements,Master Test Plan,User Acceptance Test Plan
Output	User Acceptance Test report
Methods	Black Box techniques,Problem / Configuration Management
Tools	Compare, Keystroke capture & Playback, Regression testing

Testes alfa: Os testes alfa são efectuados no final do processo de desenvolvimento do lado do desenvolvimento.

Testes Beta: Os testes Beta são efectuados pouco antes do lançamento do produto junto do cliente[7].

COMPARAÇÃO DE TESTES DE SOFTWARE TÉCNICAS

S. No.	Black Box Testing	Grey Box Testing	White Box Testing
1.	Analyses fundamental aspects only i.e. no proved edge of internal working	Partial knowledge of internal working	Full knowledge of internal working
2.	Granularity is low	Granularity is medium	Granularity is high
3.	Performed by end users and also by tester and developers (user acceptance testing)	Performed by end users and also by tester and developers (user acceptance testing)	It is performed by developers and testers
4.	Testing is based on external exceptions – internal behaviour of the program is ignored	Test design is based on high level database diagrams, data flow diagrams, internal states, knowledge of algorithm and architecture	Internal are fully known
5.	It is least exhaustive and time consuming	It is somewhere in between	Potentially most exhaustive and time consuming
6.	It can test only by trial and error method	Data domains and internal boundaries can be tested and over flow, if known	Test better: data domains and internal boundaries
7.	Not suited for algorithm testing	Not suited for algorithm testing	It is suited for algorithm testing (suited for all)

Comparação dos testes de caixa negra, caixa cinzenta e Testes de caixa branca,

Automation Testing	Manual Testing
Automation testing perform the same operation each time	Manual testing is not reliable. Using this method test execution is not accurate all the time.
Automation testing is very much helpful regressions in testing where code changes frequently.	To execute the test cases first time using manual testing will be very much useful. But it is not sure that it will catch the

Comparação entre testes automatizados e manuais

	regression defects under frequently changing requirements.
Automation testing will be useful to execute the set of test cases frequently.	Manual testing will be useful when the test case only needs to run once or twice.
After making Automation test suites, fewer testers required to execute the test cases.	To execute the test cases every time tester requires the same amount of time.
Automation testing can also be done on different machine with different OS platform combination, concurrently.	Using manual testing, testing on different machine with different OS platform combination is not possible, concurrently. To execute such task different testers are required.
Using Automation testing, testers can test complicated application too.	It does not involve in programming task to fetch hidden information.
Automation runs test cases significantly faster than human resources.	Manual testing is slower than automation. Running tests manually can be very time consuming.
Some time it is not helpful in UI	It is very much helpful in UI

testing	testing
Automation testing is very useful for automating the Build Verification Testing (BVT) & it is not mundane and tiresome.	To execute the Build Verification Testing (BVT) is very mundane and tiresome in manual testing.
Initial cost of automation testing is more than manual testing but useful always.	Manual testing requires less cost than automation.

Comparação entre a ferramenta Selenium e QTP

FEATURES	SELENIUM	QTP
Cost	Open source & Portable	Licensed and very expensive; Ten user license costs approx. 60L
Application support	Web Applications only	Client server applications only (like built in TCL/TK and PowerBuilder)

Support for web browsers	Supports IE, Firefox, Safari and Opera	Supports IE & Firefox only
Object Oriented Language support & Scalability	Supports Java, .Net, Perl, PHP, Python, and Ruby	Supports VB script only
Support for operating system/platforms	Supports Windows PC/MAC/UNIX Platforms	Supports Windows Platform only
Support for Test management tool integration	Not available. Need to track separately	TD/QC will be easily integrated
Test Development Environment	We can use wide range of IDEs like Eclipse, Netbeans, Visual Studio etc	Need Separate environment

CONCLUSÕES

UI object management & Storage	Managed using UI-Element user extension and properties A set of dynamically loaded libraries that is stored in the Java archive file.	Built-in object repository and easy handling
Support for Dialog Boxes	Supports partially	Supports all kinds of dialog boxes
Support for File upload (system)	Not available	Supports all kinds of File upload

[9]

O teste de software é o processo de identificação da correção, segurança, integridade e qualidade do software de computador desenvolvido. O teste é um processo de investigação não teórico realizado em nome das partes interessadas para determinar informações relacionadas com a qualidade do produto no que respeita às circunstâncias em que se pretende que funcione. Inclui, mas não se limita a, o processo de execução de um programa ou aplicação com o objetivo de encontrar defeitos. A qualidade é um valor para uma pessoa e não é absoluta. Os testes nunca podem captar totalmente a correção de qualquer software de computador. Os testes permitem comparar o estado e o comportamento do produto com uma especificação.

O teste de software pode ser efectuado tanto através da automatização como do teste manual. Isto depende inteiramente dos requisitos do projeto, do orçamento do projeto e do método de teste que será favorável ao projeto. Este artigo contém informações básicas sobre os testes manuais e os testes de automatização.

O teste de software envolve a validação e a verificação de um programa de software. Os erros devem ser identificados de forma a serem eliminados.

O principal objetivo dos testes de software é, portanto, transmitir e distribuir um produto de qualidade ao cliente. Espera-se que todo o software cumpra determinados requisitos. Por conseguinte, é necessário verificar se um software cumpre os requisitos quando é desenvolvido. O software bancário é completamente diferente do software que é necessário numa empresa. As necessidades de ambos os softwares não são as mesmas. Por conseguinte, o potencial deve ser testado. O principal objetivo dos testes de software é detetar os erros do software antes que o utilizador se aperceba deles. Um bom testador é alguém que faz o software falhar. Ele estará sempre a pensar em destruir o software.

Capítulo 2

TESTES DE AUTOMATIZAÇÃO COM SELENIUM TESTING FRAMEWORK E QTP

O Selenium é uma ferramenta para testar aplicações Web e é também um software livre de código aberto. Esta estrutura de testes de automatização tornou-se rapidamente um método popular e bem sucedido para testes automatizados de sítios Web. Estas ferramentas são amplamente utilizadas para testar a interface gráfica do utilizador e a funcionalidade de aplicações baseadas na Web desenvolvidas para todos os tipos de indústrias, tais como o comércio eletrónico, as viagens, a biotecnologia, a indústria farmacêutica e outras indústrias de mecanização. Este software gratuito de teste proporciona uma forma económica de testar o desempenho e outros parâmetros para determinar a compatibilidade, a precisão, o aspeto e o consumo das aplicações Web. Neste livro, explorámos os vários componentes do Selenium, como o Selenium IDE, o Selenium RC, o Selenium WebDriver, o Selenium Grid, os comandos mais utilizados e a comparação com o QTP.

O Selenium é uma estrutura de teste de software portátil para aplicações Web. O Selenium fornece um dispositivo de registo-recuperação para criar testes sem a necessidade de aprender uma linguagem de script de teste, como o Selenium IDE. O Selenium é uma coleção de diferentes ferramentas de software, cada uma oferecendo uma abordagem diferente para suportar a automatização de testes. A maioria dos engenheiros de garantia de qualidade do Selenium concentra-se em uma ou duas ferramentas que melhor atendem às necessidades de seu trabalho, mas o estudo de todas essas ferramentas dará a você muitas opções diferentes para lidar com diferentes problemas de automação de teste. O conjunto completo de testes disponível oferece uma grande variedade de funcionalidades de teste concebidas especificamente para satisfazer as necessidades dos testes de aplicações Web. Estas operações são totalmente personalizáveis e oferecem muitas formas de localizar elementos da interface do utilizador e comparar os resultados esperados dos testes com o comportamento real de uma aplicação. Uma caraterística importante do Selenium é o seu suporte para a execução de testes em várias plataformas de navegadores [8]. O Selenium é utilizado principalmente para testes funcionais de aplicações baseadas na Web. Pode ser utilizado para efetuar testes num ambiente de integração contínua. Também é útil para testes ágeis. É um software gratuito que funciona nas três principais plataformas - Windows, Mac e Linux. O Selenium suporta uma vasta gama de linguagens de programação, abrangendo a maioria e não se limitando a Java, Ruby, Perl, PHP, C# e Python. O melhor do Selenium é que lhe permite testar aplicações Web sem qualquer conhecimento de uma linguagem de script de teste. Pode escrever testes numa série de linguagens de programação populares, como Java, Ruby, Perl, PHP, C# e Python. Os testes podem ser criados na maioria das plataformas de navegadores Web. O Selenium corre na maioria das plataformas, nomeadamente Linux, Windows e Macintosh. Este freeware de código aberto é lançado sob a licença Apache 2.0 e pode ser descarregado e utilizado sem quaisquer encargos. Este livro diz-nos exatamente o que é o Selenium, ou seja, a necessidade da Selenium Testing Framework, os seus componentes e como difere da ferramenta QTP.

TRABALHO EM REDE

O Selenium é um conjunto de código aberto para testes automatizados de aplicações Web em vários navegadores e plataformas que suporta várias linguagens de programação. O Selenium é um tipo de ferramenta de teste funcional da Web. O Selenium não é apenas uma ferramenta única, mas consiste em quatro componentes: Selenium Grid, Selenium Remote Control, Selenium IDE e Selenium Web Driver. O ambiente de desenvolvimento integrado do Selenium é um plug-in do Firefox que pode ser utilizado para desenvolver casos de teste, o controlo remoto do Selenium executa testes em qualquer navegador compatível com JavaScript (que está agora disponível em todos os navegadores Web) utilizando uma vasta gama de linguagens de programação, o Web Driver foi concebido para suportar melhor as páginas Web dinâmicas, em que os elementos de uma página podem mudar sem recarregar a própria página, e o Selenium Grid permite-lhe executar os seus testes em diferentes máquinas com diferentes navegadores[1].

A automatização completa dos testes Selenium foi especialmente concebida para testes Web. Não pode ser utilizado para automatizar outras tecnologias. O resultado do Selenium é muito complexo e envolve a integração de muitos outros componentes. O processo de automatização de testes Selenium requer um programador para testar as suas capacidades. Ao escolher uma ferramenta neste domínio, é muito importante ter em conta o custo. Concluo que o Selenium pode ser a escolha certa para determinadas situações, mas o QTP pode ser a melhor escolha em muitas outras situações[2].

O Selenium é uma ferramenta para criar testes automatizados e melhorar o desempenho dos testes. Os testes automatizados são utilizados pelos programadores de software para poupar recursos e tempo. O Selenium é uma conhecida ferramenta de automatização de código aberto para aplicações baseadas na Web. É executada diretamente no navegador Web e suporta quase todos os navegadores disponíveis, como o Google Chrome, o Mozilla Firefox, o Internet Explorer da Microsoft, o Opera e o Safari do Macintosh. Funciona em todas as plataformas, como Linux, Windows e Mac. É uma ferramenta muito útil para testar o funcionamento do sistema e a relação ou compatibilidade dos programas de navegação. É realmente poderosa em comparação com outras ferramentas de automatização disponíveis e é muito flexível e fácil de utilizar.

Atualmente, tudo se baseia na Internet e, por isso, está a tornar-se cada vez mais complexo. Esta extensa plataforma de informação e o rápido ciclo de publicação requerem uma rápida regeneração do sítio Web. Para tal, é necessário que a aplicação Web seja abrangente, expansível e eficiente. Existem várias estruturas que incluem ferramentas de automatização para este efeito. Neste livro, vamos falar sobre a ferramenta de automatização Selenium que é utilizada na estrutura para obter melhores resultados. Como sabemos, por vezes pode ser um problema escolher a estrutura correta para os testes de automatização. O Selenium é um conjunto de ferramentas que funciona com muitos sistemas operativos, navegadores, linguagens de programação e outras estruturas de teste diferentes, individualmente, com outras abordagens diferentes para apoiar os testes de automatização para testes de aplicações baseadas na Web[4].

O teste de software é um processo muito moroso e complexo. Uma forma de reduzir o esforço envolvido nos testes é gerar automaticamente dados de teste. O teste é a parte mais importante do desenvolvimento de software. A qualidade não é um conceito absoluto, é um valor para algumas pessoas ou para uma pessoa. Neste sentido, os testes nunca podem determinar completamente a correção de qualquer software de computador.

fornece uma crítica ou comparação que confronta o estado e o comportamento do produto com uma especificação. O processo de teste de software pode produzir vários artefactos. Por isso, propusemos um modelo para melhorar a qualidade e a correção e também para reduzir o tempo de teste do software. [5]

Escrever testes automáticos é uma técnica necessária que pode poupar dinheiro e tempo e ajudar as organizações a responder melhor às mudanças no mundo real. Mas se a estrutura de teste não for utilizada corretamente, causará mais problemas. Este artigo apresenta uma estrutura de teste automatizada baseada no Selenium que pode ajudar a resolver estes problemas. A estrutura utiliza o Selenium Application Frame Work para obter valores de página, o DbFit para iniciar a base de dados, o FitNesse para gerir os componentes de teste e uma DSL para escrever os componentes de teste. Isto pode reduzir significativamente o número de linhas de código de teste e o tempo necessário para o desenvolvimento do projeto, reduzir a taxa de erro, facilitar a escrita de componentes/tabelas de teste, melhorar a produtividade da programação e a qualidade do produto final[6].

O Selenium é um conjunto de poderosas ferramentas de software que funcionam com muitos navegadores, linguagens de programação, sistemas operativos e estruturas de teste, cada uma com uma abordagem diferente para suportar testes de automatização para testes de aplicações baseadas na Web. O JMeter é utilizado para replicar uma carga pesada num servidor, rede ou qualquer objeto para testar o seu desempenho ou para analisar o desempenho geral sob diferentes tipos de carga. O JMeter funciona ao nível do protocolo, enquanto o Selenium funciona ao nível do utilizador. Neste livro, os autores concebem uma estrutura de teste de software automatizado para aplicações Web baseada no JMeter e no Selenium.

Selenium, ambos software de fonte aberta. Ao utilizar a estrutura de software, melhoramos a reutilização e a extensibilidade dos testes automatizados[7].

uma extensão da ferramenta Selenium RC para a realização de testes em aplicações Web que requerem a verificação de dados em bases de dados. Esta verificação é efectuada com novas funções implementadas no núcleo da estrutura do Selenium. Estas funções permitem abrir e fechar ligações a bases de dados e comparar dados de teste com dados armazenados na base de dados utilizada pela aplicação Web. Esta solução pretende contribuir para a qualidade do sistema, reduzindo o esforço durante o processo de teste, uma vez que a verificação dos elementos da IU e da base de dados é efectuada simultaneamente durante a execução dos scripts de teste. É utilizado um estudo de caso para analisar os efeitos da ferramenta proposta em termos de esforço e do grau de automatização no desenvolvimento de uma nova aplicação Web[11].

Uma prática comum para testes de sistema de aplicações baseadas na Web é a execução de casos de teste através de um navegador da Web. Estes testes são frequentemente registados e processados utilizando uma ferramenta de gravação e repetição, como o Selenium IDE. As especificações de mineração desses testes podem ser muito úteis para compreender, verificar e depurar o sistema sob teste. Este livro apresenta uma abordagem para extrair uma especificação comportamental de um conjunto de testes do IDE Selenium que (a) captura o comportamento dos testes a um nível elevado e (b) reproduz o comportamento dos testes a um nível elevado.

nível de abstração, (b) o comportamento pode ser simulado e (c) todos os testes são totalmente reproduzíveis com base na especificação.

COMPONENTES do SELÉNIO

IDE do Selenium

Selénio RC

Selenium WebDriver

Grelha de selénio

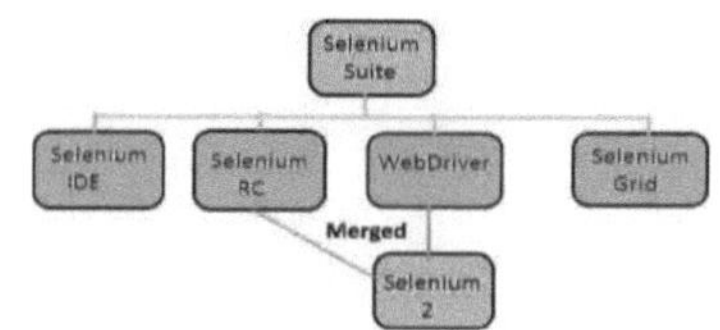

IDE do Selenium
O Selenium Integrated Development Environment (IDE) é um plug-in do Firefox que permite aos testadores registar as suas acções à medida que seguem o fluxo de trabalho em teste. O Selenium IDE tem uma funcionalidade de gravação que arquiva as acções do utilizador à medida que são executadas e, em seguida, exporta-as como um script reutilizável numa das muitas linguagens de programação que podem ser executadas mais tarde. Ele fornece uma interface gráfica do usuário para gravar ações do usuário com o Firefox, que é usado para aprender e usar o Selenium, mas só pode ser usado com o navegador Firefox, pois outros navegadores não são suportados. No entanto, os scripts gravados podem ser convertidos para várias linguagens de programação suportadas pelo Selenium e os scripts também podem ser executados em vários outros navegadores.

Os comandos mais frequentemente utilizados

Estes são os comandos utilizados regularmente no IDE do Selenium:

open: É utilizado para abrir uma página com um URL.

Clique: Clique no objeto ou elemento da página.

clickAndWait: força um clique e, opcionalmente, espera que uma nova página seja carregada.

verifyTitle: Autentica o título esperado e continua a execução se falhar.

assertTitle: Verifica o título da página e cancela a execução se falhar.

verifyTextPresent: Verifica se o texto esperado está disponível em qualquer parte da página.

verifyElementPresent: autentica um elemento esperado da interface do utilizador, tal como definido pela sua etiqueta HTML.

verifyText: Verifica se o texto esperado e a etiqueta HTML correspondente estão presentes na página.

waitForPageToLoad: A execução é interrompida até que se espere que uma nova página seja carregada.

waitForElementPresent: Faz uma pausa na execução até que um elemento esperado da interface do utilizador, tal como definido pela sua etiqueta HTML, esteja presente na página. É utilizado para chamadas AJAX[9].

Exemplo de escrita de um conjunto de testes com o Selenium IDE

Caso de teste - 1:

Abrir (exemplo: digitar www.google.com)

Introduza "eficiência energética" na pesquisa do Google.

Campo de entrada

Clique num espaço vazio no exterior

Clique no botão Procurar

Verificar o texto Apresentar como "energeticamente eficiente".

Reivindicar o título de "energeticamente eficiente - Google

Pesquisar"

Guarde o caso de teste com a extensão .HTML.

Caso de teste - 1:

Abrir (exemplo: digitar www.google.com)

Introduza "Selenium RC" na pesquisa do Google.

Campo de entrada

Clique num espaço vazio no exterior

Clique no botão Procurar

Verificar o texto como "Selenium RC".

Introduza o título como "Selenium RC" - Google

Pesquisar"

Guarde o caso de teste com a extensão .HTML.

Passos para criar um conjunto de testes:

Crie vários casos de teste e guarde cada caso de teste com um código de extensão <.html>.
Abrir o Firefox
Ferramentas ->Abrir o IDE do Selenium
Ficheiro -> Abrir -> Novo conjunto de testes
Ficheiro -> Abrir->Adicionar casos de teste
Adicionar mais casos de teste

Guardar suite com extensões <.Html>.
Execução do conjunto de testes

2 - Selénio RC

O Selenium Remote Control (RC) é um tipo de ferramenta de teste que permite escrever testes automatizados da interface do utilizador para aplicações Web em qualquer linguagem de programação para qualquer sítio Web HTTP utilizando um browser comum com JavaScript.

O servidor RC também inclui o Selenium Core e carrega-o automaticamente no browser. O Selenium abre vários navegadores (um de cada vez) neste modo e, em seguida, executa os casos de teste gravados armazenados na linguagem da sua escolha. Isto ajuda a alargar os casos de teste com técnicas de programação para cobrir todas as verificações e cenários de teste necessários.

O Selenium Remote Control (RC) foi a principal estrutura de teste que permitiu mais do que simples acções do browser e execução linear: utilizou todo o poder de linguagens de programação como Java, C#, PHP, Python, Ruby e PERL para criar testes mais complexos.

O Selenium RC funciona de tal forma que as bibliotecas cliente comunicam com o servidor Selenium RC e passam cada comando Selenium para execução. O servidor passa então o comando Selenium para o navegador usando comandos JavaScript do Selenium Core.

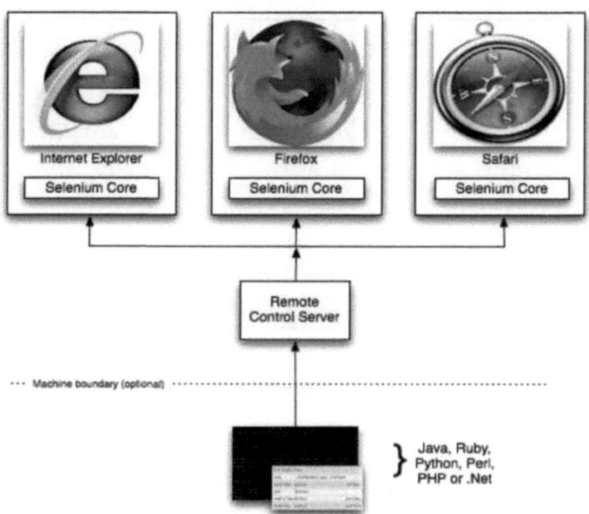

O Selenium RC é composto por duas partes.

O servidor Selenium inicia e fecha navegadores e interpreta e executa os comandos Selenium. Também actua como um proxy HTTP, interceptando e verificando as mensagens HTTP transmitidas entre o browser e a aplicação em teste.

Bibliotecas de cliente que fornecem uma interface entre as linguagens de programação individuais (Java, C#, Perl, Python e PHP) e o servidor Selenium RC.

3 - Selenium WebDriver

O Selenium WebDriver é o sucessor do Selenium RC, que envia comandos diretamente para o browser e obtém resultados. O WebDriver é uma ferramenta para a automatização de testes de aplicações Web, também conhecida como Selenium 2.0. O WebDriver utiliza uma estrutura subjacente diferente, enquanto o Selenium Remote Control utiliza o núcleo do Selenium incorporado no browser, que tem algumas limitações. O WebDriver interage diretamente com o browser sem um intermediário, ao contrário do Controlo Remoto Selenium, que depende de um servidor. É utilizado no seguinte contexto:

A comunidade de programadores do Selenium está empenhada em melhorar continuamente o Selenium e a integração do

WebDriver com o Selenium é uma delas.

Teste multi-navegador com funcionalidade melhorada para navegadores não suportados pelo Controlo Remoto Selenium (Selenium 1.0)

Lidar com várias molduras, várias janelas do browser, pop-ups e mensagens de aviso.
Navegação complexa na página.
Navegação avançada do utilizador, como arrastar e largar.
Elementos de IU baseados em AJAX

Arquitetura: Selenium WebDriver

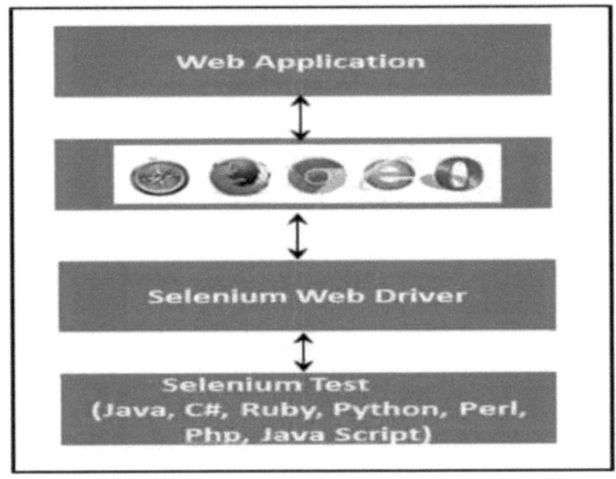

Selenium RC	Selenium WebDriver
Selenium RC architecture is complicated as the server needs to be up and running before starting a test.	WebDriver's architecture is simpler than Selenium RC as it controls the browser from the OS level.
Selenium Server acts as a middle man between browser and selenese commands	WebDriver interacts directly to the browser and uses the browser's engine to control it.
Selenium RC script execution is slower since it uses a Javascript to interact with RC	WebDriver is faster as it interacts directly with browser.
Selenium RC cannot support the headless as tt needs a real browser to work with.	WebDriver can support the headless execution
Its a simple and small API	Complex and a bit large API as compared to RC
Less Object oriented API	Purely Object oriented API
Cannot test mobile Applications	Can test iPhone/Android applications

4 - Grelha de selénio

O Selenium Grid é uma ferramenta que permite a execução simultânea de testes paralelos em diferentes computadores e navegadores, minimizando o tempo de execução.

O Selenium Grid é uma ferramenta que distribui os testes por várias máquinas físicas ou virtuais, de modo a podermos executar scripts em paralelo (em simultâneo), o que resulta numa redução do tempo necessário para executar os testes. Isto acelera significativamente os testes em diferentes navegadores e plataformas, uma vez que obtemos um feedback rápido e preciso.

O Selenium Grid permite-nos executar várias instâncias de testes WebDriver ou Selenium Remote Control em paralelo, utilizando a mesma base de código, pelo que o código NÃO precisa de estar presente no sistema em que estão a ser executados. O pacote selenium-server-standalone contém o Hub, o WebDriver e o Selenium RC para executar os scripts na grelha.

O Selenium Grid tem um hub e um nó

Hub - O hub também pode ser entendido como um servidor que actua como um ponto central onde os testes são desencadeados. Um Selenium Grid tem APENAS um hub e este é iniciado uma vez num único computador.

Nó - Os nós são as instâncias do Selenium que estão ligadas ao hub que irá executar os testes. Pode haver um ou mais nós em uma grade, que pode ter qualquer sistema operacional e conter qualquer navegador suportado pelo Selenium.

Arquitetura: Arquitetura do Selenium Grid

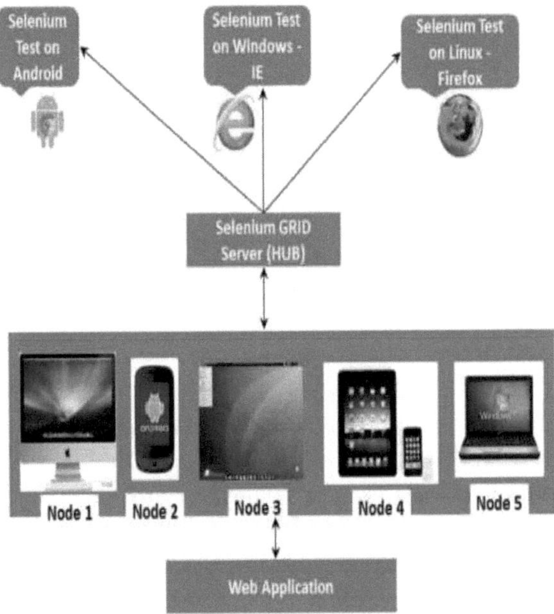

Trabalhar com a grelha: Para podermos trabalhar com a grelha, temos de garantir que seguimos determinados protocolos: Configurar o Hub ,

Configurar o nó, desenvolver o script, preparar o XML, testar
Execução, análise de resultados. [13]

Features	HP QTP	SELENIUM
Programming knowledge	Required	Required
Record and Playback	Can only be used in Internet explorer.	Selenium ID to be used.
Data Driven Testing	Complex VB scripting required.	Requires extensive coding.
Database support	With the help of DSN.	
Object Repository	Called as Window declarations.They can edited directed from the editor.	Non editable.
Test case	Block of coding statements	Automation scripts are

	required.	written.
Object Oriented Language support & Scalability	VBScript.	Java,Python,Ruby,Perl,Php,C#.
Functional Testing,Load Testing,Service monitering from one testscript	Complex code required.	Not available
Run test in cloud	Yes	Yes
Test Development Environment	We can use wide range of IDEs like Eclipse, Netbeans, Visual Studio etc	Need Separate environment
Result Reporting	They are stored in binary fileswithextension .res.They can be converted into	Basic reporting is done.

	different formats.Multiples versions can be stored in the same file .	
Defect management reporting	In Built defect reporting.	Not available.
OS Support	Windows only.	Supports Windows PC/MAC/UNIX Platforms
Test Management integration	TD/QC will be easily integrated	Not available. Need to track separately
Scheduled Execution	Not available	Yes with complex code
Cost	Licensed and very expensive	Open Source(GPL 2,Apache 2) & Portable.
Browser Support	IE and Firefox	Almost all.

Support Dialog boxes	Supports all kinds of dialog boxes.	Supports partially.
Support for file upload	Supports all kinds of file upload.	Not available.
Additional Plug-ins	It also supports add-ons, but user needs to purchase license for them.	It supports addition of plug-ins to achieve desired results that are not provided by Selenium Core. Since, selenium is open source, plug-ins are also available free of cost.
Efforts and Skill	It requires less effort to create a script, as it has a very good user friendly script development environment.	User needs to have good amount of Java skill and more coding effort is required to implement the

O Selenium é um software de fonte aberta e também uma ferramenta para testar aplicações Web. Em muito pouco tempo, a estrutura Selenium para testes automatizados estabeleceu-se como um método popular e bem sucedido para testes automatizados de sítios Web. Atualmente, o Selenium é a melhor ferramenta para testes automatizados de sítios Web. O Selenium é um conjunto de ferramentas que suportam o desenvolvimento rápido de scripts de automatização de testes para aplicações baseadas na Web. As ferramentas de teste Selenium oferecem uma variedade de caraterísticas de teste especificamente concebidas para satisfazer as necessidades de teste de aplicações baseadas na Web. É muito popular e é a primeira/melhor escolha dos testadores de automação e das organizações para automatizar os testes de aplicações Web. Juntamente com a sua forte integração no navegador, não tem rival nas ferramentas proprietárias disponíveis. Atualmente, tudo é baseado na Web e, por conseguinte, cada vez mais complexo. Isto requer uma grande plataforma de informação, um ciclo de lançamento rápido e uma regeneração rápida. Isto exige que a aplicação Web seja abrangente, extensível e eficiente. É possível reduzir os custos de licenciamento utilizando o QTP com Selenium como ferramenta de automatização de testes funcionais.

CAPÍTULO 3

DESAFIOS DE INVESTIGAÇÃO NO ENSAIO DE APLICAÇÕES MÓVEIS

Quando se testam aplicações móveis, o foco principal é a funcionalidade, a facilidade de utilização e a consistência da aplicação. Os dispositivos móveis estão em todo o lado. As empresas dependem deles. Os clientes estão a interagir com eles como nunca antes. O seu crescimento exponencial cria uma grande procura e uma necessidade ainda maior de funcionalidades avançadas. Mas a inovação e um tempo de colocação no mercado cada vez mais rápido trazem muitos desafios de teste. As aplicações móveis são pré-instaladas ou podem ser instaladas a partir de plataformas de distribuição de software móvel. Os dispositivos móveis registaram um crescimento fenomenal nos últimos anos. A variedade de dispositivos e plataformas, os curtos ciclos de lançamento, a falta de ferramentas de teste sofisticadas e a variedade de opções de conetividade de rede conduzem frequentemente a custos excessivos e a prazos não cumpridos no atual ambiente de teste de aplicações móveis. Para que as suas aplicações móveis cheguem ao mercado a tempo e dentro do orçamento, é essencial uma estratégia global de ensaio de aplicações móveis que inclua a infraestrutura de dispositivos e redes, a seleção optimizada de dispositivos-alvo e uma combinação eficaz de ferramentas de ensaio manuais e automatizadas para abranger os ensaios funcionais e não funcionais.

Palavras-chave - ensaios de aplicações móveis, tipos de ensaios de aplicações móveis, desafios das aplicações móveis
Introdução
O teste de aplicações móveis (MAT) é um processo em que o software de aplicação desenvolvido para dispositivos móveis de

mão é testado quanto à sua funcionalidade, usabilidade e consistência. As técnicas de teste das aplicações móveis são as seguintes Teste funcional, teste de laboratório, teste de desempenho, teste de fuga de memória, teste de interrupções, teste de usabilidade, teste de instalação, teste de certificação, Os desafios no teste de aplicações móveis são: Tipos de dispositivos móveis, diversidade de plataformas/SO móveis, operadores de redes móveis, scripting. Os dispositivos móveis registaram um crescimento fenomenal nos últimos anos. Um estudo realizado pelo Yankee Group prevê 4,2 mil milhões de dólares em receitas provenientes de 7 mil milhões de descarregamentos de aplicações para smartphones nos EUA em 2013. O teste de aplicações móveis envolve a avaliação das caraterísticas funcionais e não funcionais do software de aplicação desenvolvido para dispositivos portáteis, como telemóveis, tablets, etc. Testar uma aplicação móvel em vários dispositivos executados na mesma plataforma e em cada plataforma representa um desafio único para os testadores.

Teste de aplicações móveis:
i) Dispositivos.
ii) I phone - Simulador
iii) Android - Emulador

Objetivo do estudo
Os objectivos deste livro são:
Para saber o que é o teste de aplicações móveis
Conhecer os tipos de procedimentos de ensaio necessários para
Aplicação móvel
Conhecimento do processo de avaliação da mobilidade
Compreender os principais desafios das comunicações móveis
Teste de aplicações
Conhecer as ferramentas de teste móvel e a seleção de
ferramentas
Critérios
Compreender os desafios dos clientes no sector móvel
Teste de aplicações

Qual é a diferença entre testar dispositivos móveis?
Conhecimentos sobre as interrupções do telemóvel
Teste de aplicações
* Compreender as condições para a realização de testes de segurança em aplicações móveis

Trabalhos relacionados
A facilidade de utilização das aplicações móveis é crucial para a sua aceitação, devido ao ecrã relativamente pequeno e ao funcionamento complicado.

teclado (por vezes virtual), apesar dos recentes avanços nos smartphones. Os testes de usabilidade tradicionais baseados em laboratório são frequentemente entediantes, dispendiosos e não reflectem casos de utilização no mundo real. Neste livro, propomos um conjunto de ferramentas que incorpora nas aplicações móveis a capacidade de recolher automaticamente eventos da interface do utilizador (IU) à medida que o utilizador interage com as aplicações. Os eventos são de granulação fina e úteis para análises de usabilidade quantificadas. Implementámos o conjunto de ferramentas em dispositivos Android e avaliámo-lo com uma aplicação Android real, comparando a análise de eventos (baseada em máquinas de estados) com testes de laboratório tradicionais (baseados em especialistas). Os resultados mostram que o nosso kit de ferramentas é eficaz na captura de eventos detalhados da IU para uma análise precisa da usabilidade. [1]

Desafios dos testes de aplicações móveis: Há já algum tempo que é evidente que os dispositivos móveis são os actuais líderes de mercado e alguns especialistas prevêem mesmo que irão substituir os PCs e os computadores de secretária num futuro próximo. Mas, como acontece com qualquer nova tecnologia, o desenvolvimento e a implementação de aplicações móveis podem apresentar uma série de desafios

Desafios únicos. Embora as aplicações móveis tenham recursos informáticos limitados, muitas vezes precisam de ser tão flexíveis e fiáveis como as aplicações baseadas em PC. Para responder a este desafio, o teste de aplicações móveis provou ser um

Fluxo de teste separado. O maior desafio ao testar aplicações móveis é a variedade de dispositivos móveis com diferentes capacidades, funções e limitações. Os dispositivos podem ter diferentes capacidades técnicas, como o tamanho da memória disponível, a resolução do ecrã, a orientação do ecrã e o tamanho do ecrã, as opções de conetividade de rede, o suporte de diferentes normas e interfaces [2].

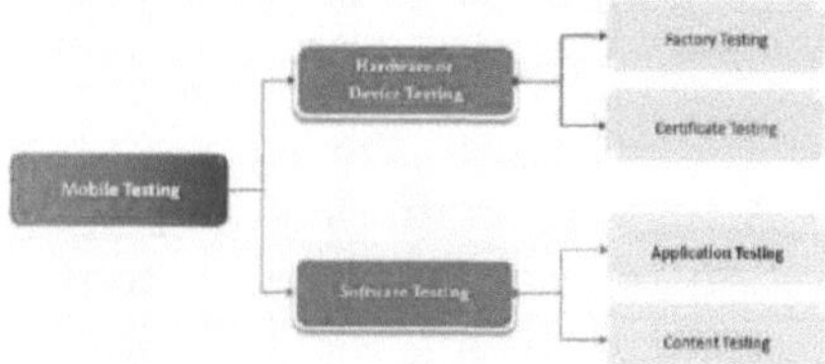

Figura 1: Teste móvel

Existem vários sistemas operativos que prevalecem no espaço móvel, como o Symbian, o Android, o iPhone OS, o Windows, o Linux, o Blackberry OS, o Palm OS, o Brew, etc. Cada um destes sistemas operativos pode ter versões adicionais para diferentes tipos de dispositivos, o que torna os testes de plataforma complexos e representa outro desafio. Outro desafio é o facto de os programadores terem de se concentrar no desenvolvimento de aplicações que sejam fáceis de utilizar num telemóvel e consumam pouca energia[2].

Tipos de testes para aplicações móveis

Testes funcionais - Os testes funcionais garantem que a aplicação funciona de acordo com os requisitos. A maior parte dos testes realizados para este efeito dizem respeito à interface do utilizador e ao fluxo de chamadas.

Testes de laboratório - Os testes de laboratório, que são normalmente efectuados pelos operadores de rede, simulam toda a rede sem fios. Este teste é efectuado para detetar eventuais interferências quando uma aplicação móvel utiliza uma ligação de voz e/ou dados para executar determinadas funções.

Teste de desempenho - Este processo de teste é realizado para verificar o desempenho e o comportamento da aplicação em determinadas condições, por exemplo, bateria fraca, cobertura de rede deficiente, pouca memória disponível, acesso simultâneo ao servidor de aplicações por vários utilizadores e outras condições. O desempenho de uma aplicação pode ser afetado de dois lados: do lado do servidor da aplicação e do lado do cliente. Os testes de desempenho são efectuados para verificar ambos os lados.

Teste de fuga de memória - A fuga de memória ocorre quando um programa de computador ou uma aplicação não consegue gerir a memória que lhe é atribuída, o que resulta num fraco desempenho da aplicação e num abrandamento geral do sistema. Uma vez que os dispositivos móveis são severamente limitados em termos de memória disponível, o teste de fuga de memória é fundamental para o funcionamento correto de uma aplicação.

Testes de interrupções - Uma aplicação pode ser exposta a várias interrupções durante o seu funcionamento, por exemplo, chamadas recebidas ou uma falha na cobertura da rede e sua recuperação.
Existem diferentes tipos de interrupções:
SMS e MMS de entrada e de saída
Chamadas recebidas e efectuadas
Notificações recebidas
Remoção da bateria
Inserção e remoção de cabos para transmissão de dados
Falha e recuperação da rede
Ligar/desligar o Media Player
Ciclo de alimentação do dispositivo
Uma aplicação deve ser capaz de lidar com estas interrupções

entrando num estado suspenso e depois retomando.

Testes de usabilidade - Os testes de usabilidade são realizados para verificar se a aplicação cumpre os seus objectivos e é bem recebida pelos utilizadores. Isto é importante porque a facilidade de utilização de uma aplicação é a chave do sucesso comercial (não é outra coisa senão a facilidade de utilização).

Testes de instalação - Algumas aplicações móveis já estão pré-instaladas no dispositivo, enquanto outras têm de ser instaladas a partir da loja. Os testes de instalação verificam se o processo de instalação decorre sem problemas, sem que o utilizador tenha quaisquer dificuldades. Este processo de teste inclui a instalação, atualização e desinstalação de uma aplicação.

Testes de certificação - Para obter um certificado de conformidade, cada dispositivo móvel deve ser testado de acordo com as diretrizes das várias plataformas móveis.

O exame de certificação Certified Mobile Application Tester, também conhecido como CMAT, é oferecido a nível mundial pela Global Association for Quality Management (GAQM) através do Centro de Testes Pearson Vue para benefício da comunidade de testes de aplicações móveis. [4]

Processo de avaliação da mobilidade

Um processo de teste típico de ponta a ponta para aplicações móveis deve começar com a criação de casos de teste para a aplicação, a execução da aceitação do utilizador e a fase final de teste do dispositivo. As fases do processo de teste de aplicações móveis são as seguintes: [6]

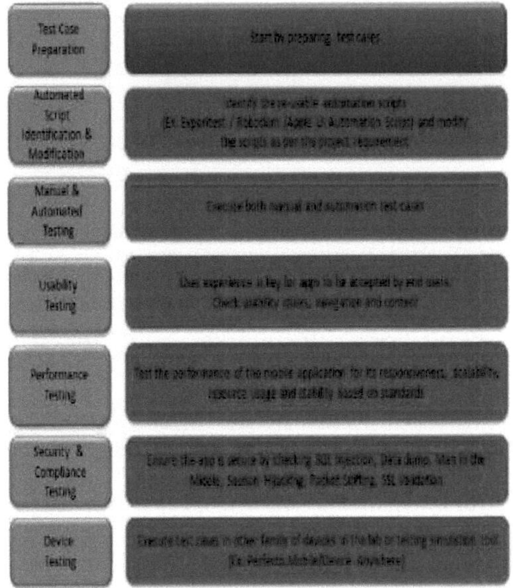

Figura 2 Procedimento de ensaio

ASPECT	AREAS/TYPES OF TESTING
Functionality	User Interaction Testing Transaction testing
Performance	UI responsiveness Transaction completion time(s) Peak load performance Longevity
Network	Network type (Wi-Fi, 2G, 3G, 4G) Impact of Connectivity Issues
Security	Data Retention on device Transmission Security
Compatibility	Mobile Platform Compatibility (e.g. IOS 6, IOS 5.1.1, IOS 5.1.1) Device Model Compatibility Backward compatibility (with previous app version)
Conformance	Marketplace guidelines compliance (e.g. Apple App Store policies) Enterprise policy compliance (e.g. prohibited content)
Usability	User Experience
Installation and Provisioning	Installation process Un-installation process User provisioning and de-provisioning

Figura 3: Aspectos da auditoria

A segurança e a proteção de dados são da maior importância no mundo atual. Os utilizadores estão preocupados com a sua privacidade.

Os desafios mais importantes ao testar aplicações móveis

Variedade de dispositivos móveis - Os dispositivos móveis diferem no tamanho do ecrã, nos métodos de introdução (QWERTY, tátil, normal) e nas funções de hardware.

Variedade de plataformas/SO móveis - Existem vários sistemas operativos móveis no mercado. Os mais importantes são o Android, o IOS, o BREW, o BREWMP, o Symbian, o Windows Phone e o BlackBerry (RIM). Cada sistema operativo tem as suas próprias limitações. Testar uma única aplicação em vários dispositivos que funcionam na mesma plataforma representa um desafio único para os testadores.

Operadores de redes móveis - Existem mais de 400 operadores de redes móveis em todo o mundo [2], alguns dos quais utilizam CDMA e outros GSM, enquanto outros utilizam normas de rede menos comuns, como FOMA e TD-SCDMA. Cada operador de rede utiliza um tipo diferente de infraestrutura de rede, o que restringe o fluxo de informações.

Scripting - A variedade de dispositivos torna a execução do guião de teste (scripting) um grande desafio. Uma vez que os dispositivos diferem em termos de teclas premidas, métodos de entrada, estrutura de menus e propriedades de visualização, um único guião não funciona em todos os dispositivos. [4]

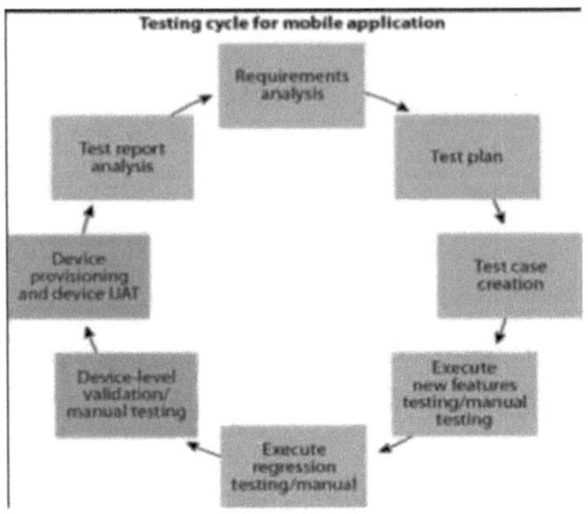

Figura 4: Ciclos de teste de aplicações para computador e aplicações móveis

Algumas ferramentas populares de teste móvel e seleção de ferramentas

Critérios

Figura 5: Ferramentas de teste móvel

Critérios de seleção de ferramentas:

Baseia-se em:

Análise custo-benefício

Calendários do projeto

Número e complexidade dos testes de regressão

Decisões baseadas no âmbito de aplicação:Suporte da plataformaVersões de plataformas suportadas

Tipos de automação suportados.

Variantes de dispositivos dentro de plataformas (factores de forma)Decisões baseadas em caraterísticas:

Funcionamento em ambos os simuladores/dispositivos

Integração na gestão de testes

Facilidade de utilização e suporte de scripting Infraestrutura

Decisões em matéria de infra-estruturas:

Estabilidade

Dependência de Mac/desktops

Baseado na nuvem/Standalone

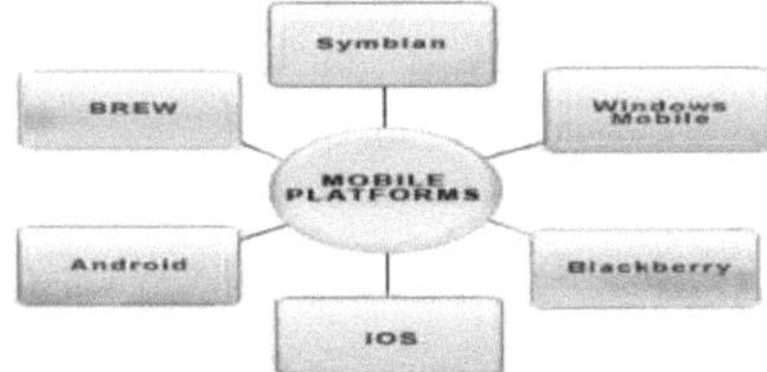

Figura 6: Plataformas móveis

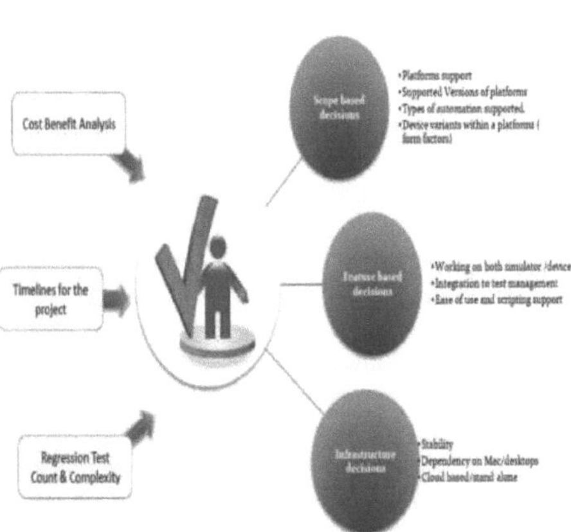

Figura 7: Seleção de ferramentas de teste móvel

Desafios dos clientes nos testes de telemóveis

Uma variedade de dispositivos móveis no mercado e vários fabricantes
Gerir o curto ciclo de vida da aplicação móvel no mercado
Grande variedade de funções de hardware
Vida útil mais curta dos dispositivos existentes no mercado
Modos de rede versáteis, como 2G/3G/4G/Wi-Fi/Wi-Max
Elevado investimento e longo período de tempo para a criação de um laboratório de ensaios
A maioria das ferramentas são ferramentas de comparação baseadas em imagens
Uma ferramenta de teste pode não suportar todas as versões da plataforma
As ferramentas podem exigir jailbreak/rooting, o que representa um risco de segurança
Testar as tecnologias mais recentes, como HTML5, NFC, etc.
Elevado aumento das opções de aplicação localizadas
Escolha entre simuladores e dispositivos reais para testes

Testes móveis - qual é a diferença?

DIVERSIDADE DE DISPOSITIVOS

Múltiplas plataformas
Vários navegadores
Diferenças na reprodução
Os dispositivos móveis têm tempos de execução diferentes para as aplicações.

DESAFIOS DA REDE

Vários tipos de rede (GSM / GPRS / Wi-Fi / Wi-Max, etc.)
Tempo imprevisível para a transmissão de dados
Diferentes velocidades de conetividade em diferentes regiões
Vários operadores de rede com funções de rede personalizadas

DESAFIOS DE HARDWARE

Limitações na velocidade de processamento

Limitações no tamanho da memória dos telemóveis
Diferenças nos protocolos de comunicação dos dispositivos
WAP/ HTTP.

Interrupções no teste da aplicação móvel
Há vários eventos que podem interromper o fluxo da sua
aplicação. A sua aplicação deve ser capaz de lidar com estes
eventos e deve ser testada para os detetar.
Chamada recebida
Mensagem de texto
Outras notificações de aplicações
Sem armazenamento
Modo avião
Conectividade intermitente
Saltar do ecrã inicial

Modo de suspensão
Armazenamento baixo
Bateria fraca
Bateria vazia

Testes de segurança em aplicações móveis
A segurança e a proteção de dados são da maior importância no
mundo atual. Os utilizadores estão preocupados com o facto de
os seus dados e recomendações serem expostos por aplicações
vulneráveis.
A sua aplicação armazena informações de pagamento ou
detalhes de cartões de crédito?
A sua aplicação utiliza protocolos de rede seguros?
Podem ser mudados para não seguros?
O pedido solicita mais autorizações do que as necessárias?
A sua aplicação utiliza certificados?
A sua aplicação utiliza um ID de dispositivo como identificador?

Um utilizador tem de ser autenticado na sua aplicação antes de poder aceder aos seus dados?
Existe um número máximo de tentativas de início de sessão antes de o utilizador
ser bloqueado
?

Figura 8: Teste de aplicações móveis

Conclusão

O teste de aplicações móveis é um processo em que o software de aplicação desenvolvido para dispositivos móveis portáteis é testado quanto à sua funcionalidade, usabilidade e consistência. Desafios dos testes de aplicações móveis: Já há algum tempo que é evidente que os dispositivos móveis são os actuais protagonistas do mercado, e mais ainda, alguns especialistas prevêem que irão substituir os PC e os computadores de secretária num futuro próximo. Para testar aplicações móveis, é necessário aplicar as seguintes técnicas de teste: Teste funcional, teste de laboratório, teste de desempenho, teste de vazamento de memória, teste de interrupção, teste de usabilidade, teste de instalação e teste de certificação.

Critérios de seleção da ferramenta Baseia-se na análise custo-benefício, no calendário do projeto, no número de testes de regressão, na complexidade e nos desafios dos clientes nos testes móveis, nos testes móveis.
Além disso, serão abordados vários temas, como as interrupções e a segurança da aplicação móvel, os testes e as plataformas para testar aplicações móveis.

CAPÍTULO 4

DESAFIOS DE INVESTIGAÇÃO NO ENSAIO DE APLICAÇÕES MÓVEIS E CASOS DE ENSAIO

Quando se testam aplicações móveis, o foco principal é a funcionalidade, a facilidade de utilização e a consistência da aplicação. Os dispositivos móveis estão em todo o lado. As empresas dependem deles. Os clientes estão a interagir com eles como nunca antes. O seu crescimento exponencial cria uma grande procura e uma necessidade ainda maior de funcionalidades avançadas. Mas a inovação e um tempo de colocação no mercado cada vez mais rápido trazem muitos desafios de teste. As aplicações móveis são pré-instaladas ou podem ser instaladas a partir de plataformas de distribuição de software móvel. Os dispositivos móveis registaram um crescimento fenomenal nos últimos anos. A variedade de dispositivos e plataformas, os curtos ciclos de lançamento, a falta de ferramentas de teste sofisticadas e a variedade de opções de conetividade de rede conduzem frequentemente a custos excessivos e a prazos não cumpridos no atual ambiente de teste de aplicações móveis. Uma estratégia abrangente de teste de aplicações móveis que inclua a infraestrutura de dispositivos e redes, a seleção optimizada de dispositivos-alvo e uma combinação eficaz de ferramentas de teste manuais e automatizadas para cobrir os testes funcionais e não funcionais é essencial para colocar as suas aplicações móveis no mercado dentro do prazo e do orçamento. Compreender e aprender a criar casos de teste para aplicações móveis.

INTRODUÇÃO

software de aplicação desenvolvido para dispositivos móveis de mão é testado quanto à sua funcionalidade, usabilidade e consistência. As técnicas de teste das aplicações móveis são as seguintes Teste funcional, teste de laboratório, teste de desempenho, teste de fuga de memória, teste de interrupções, teste de usabilidade, teste de instalação, teste de certificação, Os desafios no teste de aplicações móveis são: Tipos de dispositivos móveis, variedade de plataformas/SO móveis, operadores de redes móveis, scripting. Os ensaios de aplicações móveis são diferentes dos ensaios de aplicações para computadores de secretária, uma vez que é necessário ter em conta factores como o hardware do dispositivo, o tamanho do ecrã, a plataforma, os problemas de conetividade e muito mais, para além dos requisitos funcionais e de interface do utilizador habituais.

Os dispositivos móveis registaram um crescimento fenomenal nos últimos anos. Um estudo realizado pelo Yankee Group prevê um volume de negócios de 4,2 biliões de dólares em 2013, contra 7 biliões de dólares em 2010.

Descarregamentos de aplicações para smartphones nos EUA. O teste de aplicações móveis envolve a avaliação das caraterísticas funcionais e não funcionais do software de aplicação desenvolvido para dispositivos portáteis, como telemóveis, tablets, etc. Testar uma aplicação móvel em vários dispositivos executados na mesma plataforma e em cada plataforma representa um desafio único para os testadores.

Teste de aplicações móveis:

i) Dispositivos.

ii) I phone - Simulador

iii) Emulador Android

OBJECTIVO DO ESTUDO

Para saber o que é o teste de aplicações móveis

Conhecer os tipos de técnicas de teste necessárias para telemóveis

Registo

Conhecimento do processo de avaliação da mobilidade Para reconhecer os aspectos mais importantes

Desafios no teste de aplicações móveis

Conhecer as ferramentas de teste móvel e os critérios para a seleção de ferramentas

Compreender os desafios que os clientes enfrentam com as aplicações móveis

Exame

Conhecimento das interrupções no ensaio de aplicações móveis

Compreender as condições para a realização de testes de segurança em aplicações móveis
Escrever casos de teste básicos para aplicações móveis.

TRABALHO EM REDE

A usabilidade das aplicações móveis é fundamental para a sua aceitação, devido ao ecrã relativamente pequeno e ao teclado pesado (por vezes virtual), apesar dos recentes avanços nos smartphones. Os testes de usabilidade tradicionais baseados em laboratório são muitas vezes demorados, dispendiosos e não reflectem casos de utilização no mundo real. Neste livro, propomos um conjunto de ferramentas que incorpora nas aplicações móveis a capacidade de recolher automaticamente eventos da interface do utilizador (IU) à medida que o utilizador interage com as aplicações. Os eventos são de granularidade fina e úteis para análises de usabilidade quantificadas. Implementámos o conjunto de ferramentas em dispositivos Android e avaliámo-lo com uma aplicação Android real, comparando a análise de eventos (baseada em máquinas de estado) com os testes de laboratório tradicionais (baseados em especialistas)[1].

Desafios dos testes de aplicações móveis: Há já algum tempo que é evidente que os dispositivos móveis são os actuais líderes de mercado e alguns especialistas prevêem mesmo que irão substituir os PCs e os computadores de secretária num futuro próximo. Mas, como acontece com qualquer nova tecnologia, o desenvolvimento e a implementação de aplicações móveis podem apresentar um conjunto único de desafios.

O maior desafio quando se testam aplicações móveis é a variedade de dispositivos móveis com diferentes capacidades, funções e limitações. Os dispositivos podem ter diferentes capacidades técnicas, como o tamanho da memória disponível, a resolução do ecrã, a orientação do ecrã e o tamanho do ecrã, as opções de conetividade de rede, o suporte de diferentes normas e interfaces [2].

Existem vários sistemas operativos predominantes no espaço móvel, como o Symbian, o Android, o iPhone OS, o Windows, o Linux, o Blackberry OS, o Palm OS, o Brew, etc. Cada um destes sistemas operativos pode ter versões adicionais para diferentes tipos de dispositivos, o que torna os testes de plataforma complexos e representa outro desafio. Outro desafio é o facto de os programadores terem de se concentrar no desenvolvimento de aplicações que sejam fáceis de utilizar num telemóvel e consumam pouca energia. [2]

TIPOS DE TESTES PARA APLICAÇÕES MÓVEIS

Testes funcionais - Os testes funcionais garantem que a aplicação funciona de acordo com os requisitos. A maior parte dos testes realizados para este efeito dizem respeito à interface do utilizador e ao fluxo de chamadas.

Testes de laboratório - Os testes de laboratório, que são normalmente efectuados pelos operadores de rede, simulam toda a rede sem fios. Este teste é efectuado para detetar eventuais interferências quando uma aplicação móvel utiliza uma ligação de voz e/ou dados para executar determinadas funções.

Teste de desempenho - Este processo de teste é realizado para verificar o desempenho e o comportamento da aplicação em determinadas condições, por exemplo, bateria fraca, cobertura de rede deficiente, pouca memória disponível, acesso simultâneo ao servidor de aplicações por vários utilizadores e outras condições. O desempenho de uma aplicação pode ser afetado de dois lados: do lado do servidor da aplicação e do lado do cliente.

Teste de fuga de memória - A fuga de memória ocorre quando um programa de computador ou aplicação não consegue gerir a memória que lhe é atribuída, o que resulta num fraco desempenho da aplicação e no abrandamento geral do sistema.

Testes de interrupção - Uma aplicação pode ser exposta a várias interrupções durante o seu funcionamento, por exemplo, chamadas recebidas ou uma falha na cobertura da rede e sua recuperação.

Existem diferentes tipos de interrupções:

SMS e MMS de entrada e de saída

Chamadas recebidas e efectuadas

Notificações recebidas

Remoção da bateria

Inserção e remoção de cabos para transmissão de dados

Falha e recuperação da rede

Ligar/desligar o Media Player

Ciclo de alimentação do dispositivo

Uma aplicação deve ser capaz de lidar com estas interrupções entrando num estado suspenso e depois retomando.

Testes de usabilidade - Os testes de usabilidade são realizados para verificar se a aplicação atinge os seus objectivos e é bem recebida pelos utilizadores. Isto é importante porque a usabilidade de uma aplicação é a chave do sucesso comercial (não é outra coisa senão a facilidade de utilização).

Testes de instalação - Algumas aplicações móveis já estão pré-instaladas no dispositivo, enquanto outras têm de ser instaladas a partir da loja. Os testes de instalação verificam se o processo de instalação decorre sem problemas, sem que o utilizador encontre quaisquer dificuldades.

Testes de certificação - Para obter um certificado de conformidade, cada dispositivo móvel deve ser testado de acordo com as diretrizes das várias plataformas móveis.

O exame de certificação Certified Mobile Application Tester, também conhecido como CMAT, é oferecido a nível mundial pela Global Association for Quality Management (GAQM) através do Centro de Testes Pearson Vue para benefício da comunidade de testes de aplicações móveis. [4]

PROCESSO DE AVALIAÇÃO DA MOBILIDADE

Os testes são mais um processo do que uma atividade única. Este processo começa com o planeamento do teste, a conceção dos casos de teste, a preparação para a execução e a análise do estado até à conclusão do teste. Assim, podemos dividir as activdades do processo básico de teste nas seguintes etapas básicas Planeamento e controlo, Análise e conceção, Implementação e execução, Avaliação dos critérios iniciais e elaboração de relatórios, Actividades de encerramento do teste. Um processo de teste típico de ponta a ponta para aplicações móveis deve começar com a criação de casos de teste para a aplicação, a execução da aceitação do utilizador e a fase final de teste do dispositivo. As fases do processo de teste das aplicações móveis são as seguintes:[6]

Test case Preparation	Start by Preparing test cases
Automated script identification & Modification	Identify the re-usable automation scripts And modify the scripts as per the project requirement
Manual & Automated testing	Execute both manual and automation test cases
Usability Testing	User experience is key for apps to be accepted by end users. Check usability issues, navigation and content
Performance Testing	Test the performance of the mobile application for its responsiveness, scalability, resource usage and stability based on standards
Security & Compliance Testing	Ensure the app is secure by checking SQL Inhection, Datadump, Man in the Middle, Session Hijacking, Packet Sniffing, SSL Validation
Device Testing	Execute test cases in other family of devices in the lab or testing simulation tool (Example: Perfecto, Mobile/Device Anywhere)

Fig. 1 Procedimento de ensaio

A segurança e a proteção de dados são da maior importância no mundo atual. Os utilizadores estão preocupados com a sua privacidade.

OS DESAFIOS MAIS IMPORTANTES NO TESTE DE APLICAÇÕES MÓVEIS

Variedade de dispositivos móveis - Os dispositivos móveis diferem em termos de tamanho do ecrã, métodos de introdução (QWERTY, tátil, normal) e funções de hardware.

Variedade de plataformas/SO móveis - Existem vários sistemas operativos móveis no mercado. Os mais importantes são o Android, o IOS, o BREW, o BREWMP, o Symbian, o Windows Phone e o BlackBerry (RIM). Cada sistema operativo tem as suas próprias limitações. Testar uma única aplicação em vários dispositivos que funcionam na mesma plataforma representa um desafio único para os testadores.

Operadores de redes móveis - Existem mais de 400 operadores de redes móveis em todo o mundo,[2] alguns dos quais utilizam CDMA e alguns GSM, enquanto outros utilizam normas de rede menos comuns, como FOMA e TD-SCDMA. Cada operador de rede utiliza um tipo diferente de infraestrutura de rede, o que restringe o fluxo de informação.

Scripting - A variedade de dispositivos torna a execução do guião de teste (scripting) um grande desafio. Dado que os dispositivos diferem em termos de teclas premidas, métodos de introdução, estrutura de menus e caraterísticas de visualização, um único guião não funcionará em todos os dispositivos. [4] As perguntas seguintes destinam-se a abordar os pontos que devem ser considerados ao testar aplicações móveis:

Que dispositivos móveis e versões do sistema operativo

são suportados por esta aplicação?

Como podemos testar as aplicações para garantir que

funcionam nestas plataformas?

Que alterações devem ser efectuadas para ter em conta

as diferenças entre as plataformas?

Como será apoiada a inovação no sector no futuro, uma vez

que estão constantemente a ser introduzidos

novos dispositivos, tecnologias e aplicações móveis?

Como é que os procedimentos de desenvolvimento e

teste têm em conta as diferenças inerentes aos protocolos

de rede sem fios e aos fornecedores de serviços móveis?

Como é que sabemos que quantidade de testes é suficiente?

[13]

ALGUMAS FERRAMENTAS DE TESTE MÓVEIS POPULARES E
CRITÉRIOS DE SELECÇÃO DE FERRAMENTAS

Fig. 2 Ferramenta para testes móveis

Critérios de seleção de ferramentas:

Baseia-se em:

Análise custo-benefício

Calendários do projeto

Número e complexidade dos testes de regressão

Decisões baseadas no âmbito de aplicação:

Suporte da plataforma

Versões de plataformas suportadas

Tipos de automação suportados.

Variantes de dispositivos dentro de uma plataforma (factores de forma)

Decisões baseadas em caraterísticas:

Funciona em ambos os simuladores/dispositivos

Integração na gestão de testes

Facilidade de utilização e suporte de scripting Infraestrutura

Decisões em matéria de infra-estruturas:

Estabilidade

Dependência de Mac/desktops

Baseado na nuvem/Standalone

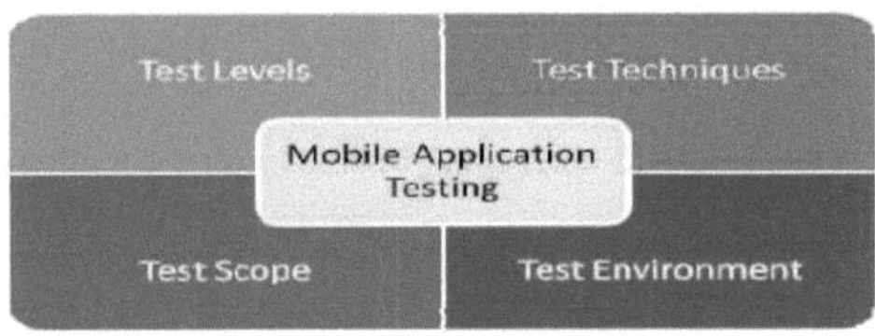

Fig.3 Matriz de teste para aplicações móveis

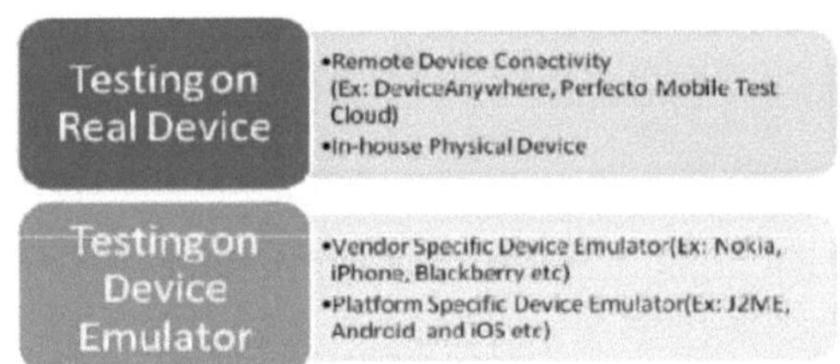

Figura 4: Ambiente de teste para aplicações móveis [13]

DESAFIOS DOS CLIENTES NOS ENSAIOS MÓVEIS

Uma variedade de dispositivos móveis no mercado e vários fabricantes

Gerir o curto ciclo de vida da aplicação móvel no mercado
Grande variedade de funções de hardware
Vida útil mais curta dos dispositivos existentes no mercado
Modos de rede versáteis, como 2G/3G/4G/Wi-Fi/Wi-Max

Elevado investimento e longo período de tempo para a criação
de um laboratório de ensaios
A maioria das ferramentas são ferramentas de comparação
baseadas em imagens
Uma ferramenta de teste pode não suportar todas as versões da
plataforma
As ferramentas podem exigir jailbreak/rooting, o que representa
um risco de segurança
Testar as tecnologias mais recentes, como HTML5, NFC, etc.
Elevado aumento das opções de aplicação localizadas
Escolha entre simuladores e dispositivos reais para testes

Testes em telemóveis Qual é a diferença?
Diversidade de dispositivos
Múltiplas plataformas
Vários navegadores
Diferenças na reprodução
Os dispositivos móveis têm tempos de execução diferentes para
as aplicações.

Desafios da rede
Vários tipos de rede (GSM / GPRS / Wi-Fi / Wi-Max, etc.)
Tempo imprevisível para a transferência de dados

Diferentes velocidades de conetividade em diferentes regiões

Vários operadores de rede com caraterísticas de rede
personalizadas - Desafios de hardware
Limitações na velocidade de processamento
Limitações no tamanho da memória dos telemóveis
Diferenças nos protocolos de comunicação dos dispositivos
WAP/ HTTP.

INTERRUPÇÕES NA APLICAÇÃO MÓVEL
TESTE

Há vários eventos que podem interromper o fluxo da sua aplicação. A sua aplicação deve ser capaz de lidar com estes eventos e deve ser testada para os detetar.
Chamada recebida
Mensagem de texto
Outras notificações de aplicações
Sem armazenamento
Modo avião
Conectividade intermitente
Saltar do ecrã inicial
Modo de suspensão
Armazenamento baixo

Bateria fraca

Bateria vaza

TESTES DE SEGURANÇA EM APLICAÇÕES MÓVEIS

A segurança e a proteção de dados são da maior importância no mundo atual. Os utilizadores estão preocupados com o facto de os seus dados e recomendações serem expostos por aplicações vulneráveis.
A sua aplicação armazena informações de pagamento ou detalhes de cartões de crédito?
A sua aplicação utiliza protocolos de rede seguros?
Podem ser mudados para não seguros?
O pedido solicita mais autorizações do que as necessárias?
A sua aplicação utiliza certificados?
A sua aplicação utiliza um ID de dispositivo como identificador?

CASOS DE TESTE

Os casos de teste estão listados na tabela abaixo.

Sl. No.	Module	Sub-Module	Test case Description	Expected Result
1	Installation		Verify that application can be installed successfully.	Application should be able to install successfully.
2	Uninstallation		Verify that application can be uninstalled successfully.	User should be able to uninstall the application successfully.
3.	Network Test Cases		Verify the behaviour of application when there is Network problem and user is performing operations for data call.	User should get proper error message like "Network error. Please try after sometime"
			Verify that user is able to establish data call when Network is back in action.	User should be able to establish data call when Network is back in action.
4	Voice Call Handling	Call Accept	Verify that user can accept Voice call at the time when application is running and can resume back in application from the same point.	User should be able to accept Voice call at the time when application is running and can resume back in application from the same point.
		Call Rejection	Verify that user can reject the Voice call at the time when application is running and can resume back in application from the same point.	User should be able to reject the Voice call at the time when application is running and can resume back in application from the same point.
		Call Establish	Verify that user can establish a Voice call in case when application data call is running in background.	User should be able to establish a Voice call in case when application data call is running in background
5	SMS Handling		Verify that user can get SMS alert when application is running	User should be able to get SMS alert when application is running.
			Verify that user can resume back from the same point after reading the SMS.	User should be able to resume back from the same point after reading the SMS.
6	Unmapped Keys		Verify that unmapped keys are not working on any screen of application.	Unmapped keys should not work on any screen of application.
7	Application Logo		Verify that application logo with Application name is present in application Manager and user can select it.	Application logo with Application name should be present in application manager and user can select it.
8	Splash		Verify that when user selects application logo in application manager splash is displayed	When user selects application logo in application manager splash should be displayed
			Note that Splash do not remain for more than three seconds.	Splash should not remain for more than three seconds.
9	Low Memory		Verify that application displays proper error message when device memory is low and exits gracefully from the situation.	Application should display proper error message when device memory is low and exits gracefully from the situation
10	Clear Key		Verify that clear key should navigate the user to previous screen.	Clear key should navigate the user to previous screen.

CONCLUSÃO

O teste de aplicações móveis é um processo de teste da funcionalidade do software de aplicação desenvolvido para dispositivos móveis portáteis, de tal forma que alguns especialistas acreditam que estes substituirão os PCs e os computadores de secretária num futuro próximo. O teste de aplicações móveis é diferente do teste de aplicações para computadores de secretária porque, para além dos requisitos funcionais e de interface do utilizador habituais, é necessário ter em conta factores como o hardware do dispositivo, o tamanho do ecrã, a plataforma, os problemas de conetividade e outros. Os testes podem revelar a presença de erros num sistema, mas não podem provar que não existem outros erros. Os programadores de componentes são responsáveis pelos testes dos componentes; os testes do sistema são da responsabilidade de uma equipa separada. Os testes de integração são testes de incrementos do sistema; os testes de lançamento são testes de um sistema que vai ser entregue a um cliente. Utilizar a experiência e as diretrizes para conceber casos de teste para testes de defeitos. Critérios para a seleção de ferramentas Baseiam-se na análise custo-benefício, no calendário do projeto, no número e na complexidade dos testes de regressão e nos desafios enfrentados pelos clientes quando testam aplicações móveis. Os casos de teste para aplicações móveis desempenham um papel importante na identificação de erros e na garantia de factores de qualidade na aplicação.

Capítulo 5
TESTES DE USABILIDADE/
TESTES DE EXPERIÊNCIA DO UTILIZADOR (UX)

Este livro contém informações sobre testes de usabilidade. Como é que o utilizador interage com o teste do sistema? A usabilidade é a capacidade de o software ser facilmente aprendido e compreendido, e o seu aspeto atraente para o utilizador. O teste de usabilidade é uma das técnicas de teste da caixa negra. Os testes de usabilidade testam as propriedades do software, tais como Qual é a facilidade de utilização do software? Qual o grau de facilidade de aprendizagem do software? Até que ponto o software é conveniente para o utilizador final? A usabilidade é a medida do potencial de um produto para satisfazer as necessidades do utilizador. Nas tecnologias da informação, o termo usabilidade é utilizado em relação a aplicações de software e sítios Web, mas pode ser utilizado para qualquer produto que seja utilizado para realizar uma tarefa (alguns exemplos são o painel de instrumentos de um automóvel, uma torradeira ou um despertador). Alguns dos resultados utilizados para determinar a usabilidade dos produtos são a interface do utilizador, a consistência visual e um processo de desenvolvimento claramente definido. Neste livro, discutimos a usabilidade, o processo de teste de usabilidade, os componentes do teste de usabilidade e a avaliação.

Métodos, importância da experiência do utilizador, vantagens e desvantagens dos testes de usabilidade.

INTRODUÇÃO

O teste de usabilidade é um método em que se pede aos utilizadores de um produto que realizem determinadas tarefas para medir a usabilidade do produto, o tempo de trabalho e a perceção do utilizador. Os testes de usabilidade podem ser realizados formalmente, num laboratório de usabilidade com câmaras de vídeo para observação, ou informalmente, com uma maquete em livro de uma aplicação ou sítio Web. Com base nos resultados dos testes de usabilidade, são feitas muitas alterações à aplicação ou ao sítio Web. Independentemente de se tratar de um teste formal ou informal, os participantes nos testes de usabilidade são encorajados a pensar em voz alta e a expressar as suas opiniões. Os testes de usabilidade são mais bem utilizados em conjunto com a conceção centrada no utilizador, um método em que um produto é concebido de acordo com as necessidades e especificações do utilizador. A experiência do utilizador é tudo o que acontece aos seus utilizadores quando interagem com a sua empresa ou organização através de aplicações ou comunicação em linha, o seu sítio Web. Isto inclui tudo o que vêem, ouvem e fazem, bem como as suas reacções emocionais.

Explorar o conceito de teste de usabilidade e os seus benefícios
Compreender o que é o processo de teste de usabilidade
Conhecer os componentes dos testes de usabilidade
Conhecimento dos métodos de avaliação da convivialidade e das suas vantagens e desvantagens
Conhecer a importância da experiência do utilizador

TRABALHO EM REDE

As organizações de desenvolvimento de software são constituídas por equipas de marketing, design, gestão de projectos, desenvolvimento e garantia de qualidade. É importante que as várias equipas da organização compreendam as vantagens e limitações da incorporação de diferentes métodos de teste de usabilidade no ciclo de desenvolvimento do software. As razões para uma má usabilidade incluem conflitos na definição de prioridades entre as equipas de desenvolvimento, gestão de projectos e design. O papel do engenheiro de usabilidade é agir como um juiz heurístico e garantir que os esforços de desenvolvimento e conceção se baseiam em princípios de usabilidade, respeitando o calendário do projeto. Duas abordagens aos métodos de inspeção da usabilidade consistem em Testes de Experiência do Utilizador e Revisão por Peritos ou, mais comummente, Avaliação Heurística (HE). Este livro centra-se na compreensão dos pontos fortes da HE como método de deteção de defeitos. Os resultados mostram a força da HE como teste de usabilidade

na deteção de erros e na definição de prioridades para o esforço de conceção e desenvolvimento. Os resultados mostram também que é necessário integrar as heurísticas tradicionais com heurísticas modificadas adaptadas ao domínio ou ao campo do projeto em análise, como a administração pública em linha[1].

Descreve uma metodologia inovadora desenvolvida para testes de usabilidade do sítio Web do IEEE PCS que combina avaliação heurística e testes baseados em tarefas. Os testes realizados no sítio Web do PCS avaliaram se o sítio Web facilitava aos membros a pesquisa de informações e a participação em debates, e se os programadores conseguiam encontrar, contribuir e gerir informações administrativas no sítio Web. As caraterísticas sociais distintas das comunidades de prática (CdP) fornecem um contexto para adaptar as heurísticas de conceção de sítios Web de informação que servem as necessidades e os interesses dos membros da CdP. O debate fornece orientações importantes sobre princípios de comunicação técnica que se aplicam não só à avaliação da eficácia do sítio Web do PCS, mas também a todos os produtos e meios de comunicação técnica centralizados que exigem cada vez mais a participação dos utilizadores[2].

Propõe-se aqui um método de teste de usabilidade que modifica um determinado método de teste de usabilidade para que seja menos dispendioso e demorado para o investigador. Sugere-se a utilização de métodos centrados no utilizador e propõe-se uma combinação de dois métodos centrais. No futuro, este método será combinado com outras técnicas para determinar adicionalmente o estado de satisfação do participante. Serão tidas em conta caraterísticas relacionadas com o utilizador, tais como emoções, opiniões, efeitos cognitivos e conativos. É proposto um método de análise conjunta de todos os dados recolhidos[3].

A realização de testes de sistemas mais automatizados poderia ajudar a atingir estes objectivos e, nos últimos anos, foram desenvolvidas ferramentas de teste para automatizar a interação com sistemas de software ao nível da GUI. No entanto, existe uma falta de conhecimento sobre a usabilidade e aplicabilidade destas ferramentas num ambiente industrial. Neste estudo, são analisadas duas ferramentas para testes visuais automatizados de GUI num sistema de software real e crítico para a segurança da empresa Saab AB. As ferramentas são comparadas com base nas suas caraterísticas e na forma como apoiam a automatização de casos de teste de sistemas que eram previamente criados manualmente. O tempo de desenvolvimento e o âmbito dos casos de teste automatizados, bem como os seus tempos de execução, foram avaliados[4].

As empresas de desenvolvimento de software devem efetuar testes de usabilidade para determinar se os seus produtos são utilizáveis ou não. A realização de estudos de usabilidade é igualmente importante para os utilizadores finais. Este livro apresenta o desenvolvimento do Sistema de Gestão de Usabilidade (USEMATE), um sistema automatizado como solução alternativa para ajudar os testadores ou profissionais de usabilidade a realizar testes de usabilidade de forma mais eficiente e eficaz. O principal objetivo do USEMATE é transformar os actuais sistemas, que são baseados em livros e requerem o cálculo manual de pontuações usando o Excel e o registo manual do tempo de resposta, num sistema de gestão baseado na Web. As ferramentas utilizadas para o desenvolvimento são o Adobe Photoshop CS2, o Adobe Dreamweaver CS3, o Apache Web Server e um computador pessoal (PC). Os módulos e os critérios de usabilidade, bem como a abordagem utilizada no desenvolvimento deste sistema automatizado, foram retirados de um estudo de caso de usabilidade de um sítio Web realizado anteriormente. O USEMATE deverá ser capaz de minimizar as longas horas de trabalho e a energia necessária para gerir o processo de testes de usabilidade de fase para fase[5].

Utilização de técnicas tradicionais de UT, que não são suficientes nem adequadas dada a complexidade crescente dos sítios Web e as limitações enfrentadas pelos peritos em usabilidade. Para uma amostra, os testes de usabilidade baseados em laboratório (LBUT) são dispendiosos e têm uma cobertura inferior à da avaliação heurística exploratória (EHE), enquanto a EHE está repleta de falsos positivos. É proposta uma metodologia de usabilidade híbrida (HUM) que inclui LBUT e EHE. Foram realizadas seis experiências com EHE e LBUT nas fases inicial, intermédia e futura do SDLC de sítios Web, sendo o melhor desempenho relativo de cada método medido pelas variáveis dependentes, seguido da conceção de uma HUM. Foram realizados quatro estudos de caso para provar o HUM, onde foram encontradas melhorias notáveis na eficácia e eficiência do sítio Web. Com base nos resultados, a HUM é uma abordagem realista para os profissionais da usabilidade e fornece às partes interessadas um quadro de decisão situacional validado para estratégias de teste da usabilidade que tem em conta as restrições do mundo real[6].

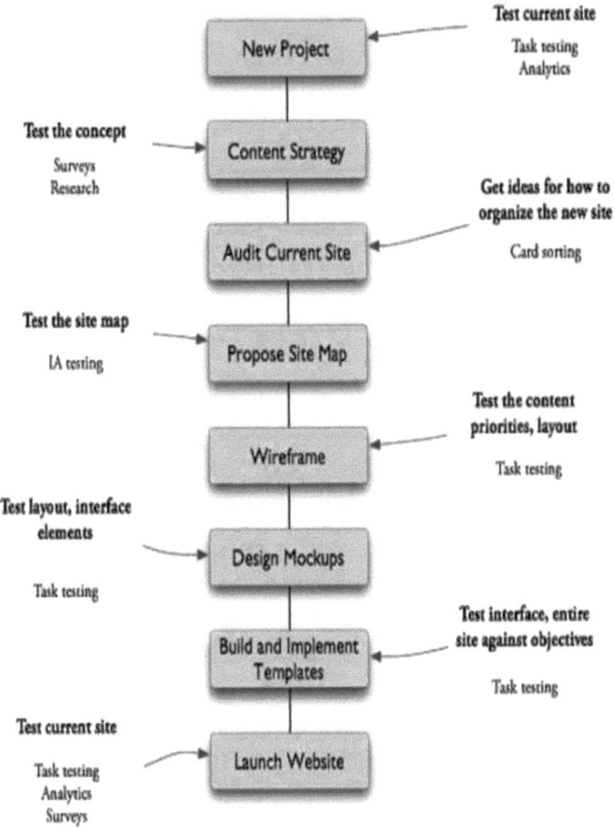

Quando trabalhar na facilidade de utilização

A usabilidade desempenha um papel importante em todas as fases do processo de conceção. A necessidade resultante de muitos estudos é uma das razões pelas quais recomendo a criação de estudos individuais de forma rápida e a baixo custo. Eis os passos mais importantes:

Antes de começar com a nova conceção, teste a conceção antiga para identificar as partes boas que deve manter ou realçar e as partes que causam dificuldades aos utilizadores.

Se não estiver a trabalhar numa intranet, teste os designs dos seus concorrentes para obter dados de custo mínimo para uma série de interfaces alternativas com caraterísticas semelhantes às suas. (Se estiver a trabalhar numa intranet, leia o Intranet Design Yearbook para aprender com outros designs).
Realizar um estudo de campo para ver como os utilizadores se comportam no seu habitat natural.
Crie protótipos em livro de uma ou mais ideias de design novas e teste-as. Quanto menos tempo gastar com estas propostas de design, melhor, porque terá de as melhorar com base nos resultados dos testes.
Aperfeiçoar as ideias de design que funcionam melhor através de muitas iterações, passando gradualmente da prototipagem de fidelidade mínima para representações de fidelidade máxima executadas no computador. Teste cada iteração.
Verifique a conceção em relação às diretrizes de usabilidade estabelecidas, quer a partir dos seus próprios estudos anteriores, quer a partir de investigação publicada.
Assim que tiver decidido sobre a conceção final e a tiver implementado, teste-a novamente. Durante a implementação, surgem sempre pequenos problemas de usabilidade[10].

Testes de usabilidade e avaliações de peritos:
Sem surpresa, os testes de usabilidade de alguma forma dominam os métodos utilizados pelos profissionais de UX, com 82% dos inquiridos a afirmarem que realizam testes de usabilidade no laboratório, remotamente ou de uma forma não formal. As avaliações de peritos (incluindo avaliações heurísticas e passagens cognitivas) ficaram em segundo lugar, com 75%. Os estudos de peritos e os testes de usabilidade são utilizados em conjunto por 71% dos inquiridos, e mais de 95% dos inquiridos que afirmaram realizar uma avaliação de peritos também afirmaram realizar testes de usabilidade[11].

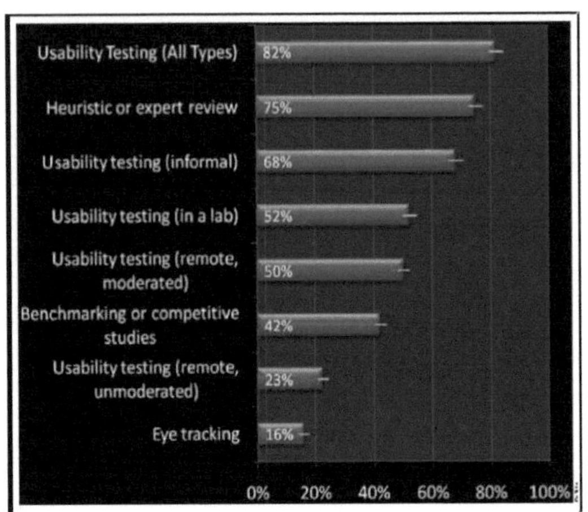

DIRECTRIZES PARA TESTES DE USABILIDADE BEM SUCEDIDOS

Começar cedo. Se reconhecer os problemas numa fase inicial do processo de conceção, poupará tempo e dinheiro que, de outro modo, teria gasto no desenvolvimento de um produto de má qualidade.

Escolha temas que revelem problemas, caso existam. Não se coíba de questões polémicas. Estes problemas são exatamente os que os testes de usabilidade podem resolver melhor.

Escolha as tarefas do utilizador que revelam os maiores problemas. Ao considerar o que pretende que os participantes façam durante o teste de usabilidade, concentre-se nas tarefas que são críticas, que são executadas frequentemente, que têm consequências graves se forem executadas incorretamente, que o entusiasmam a si ou aos gestores, planeadores, programadores e escritores

Encontre participantes que representem verdadeiramente os utilizadores, especialmente aqueles em que está interessado. Se a sua experiência não for credível - porque os utilizadores não são como as pessoas a quem o produto se destina - os criadores podem não responder à sua experiência.

Observar e ouvir com atenção. Preste atenção não só aos problemas que os participantes têm, mas também às causas prováveis desses problemas. Preste atenção às palavras que os participantes utilizam quando não conseguem encontrar o que realmente precisam. A conceção pode utilizar a terminologia errada. Observe onde os participantes procuram os produtos num sítio Web. O design da página pode estar a interpretar mal os participantes.

Ajudar os designers e os programadores a compreenderem que a descoberta de problemas não é um sinal de fracasso. Ninguém faz um trabalho perfeito apenas à primeira vez. Os utilizadores surpreendem-nos vezes sem conta. É muito melhor descobrir os problemas com alguns utilizadores num teste de usabilidade do que mais tarde, quando o design é revisto e está no mercado. [7]

COMPONENTES DO TESTE DE USABILIDADE Os testes de usabilidade compreendem os cinco elementos seguintes:

Facilidade de aprendizagem: Qual é a facilidade com que os utilizadores realizam tarefas básicas quando vêem o desenho pela primeira vez?

Eficiência: Com que rapidez podem os utilizadores experientes concluir as suas tarefas?

Memorização: Quando o utilizador regressa ao design após um período de não utilização, lembra-se de como utilizá-lo eficazmente da próxima vez ou tem de reaprender tudo? Como novo.

Erros: Quantos erros cometem os utilizadores, quão críticos são esses erros e com que facilidade podem ser rectificados?

Nível de satisfação: até que ponto o utilizador está satisfeito com a utilização do sistema[8].

IMPORTÂNCIA DA EXPERIÊNCIA DO UTILIZADOR

Até que ponto a experiência do utilizador é tão importante?

Durante muitos anos, empresas de grande sucesso como a Google, o Twitter, o eBay e a Amazon reconheceram que a experiência do utilizador tem um impacto direto nos seus resultados. O sucesso destas empresas não é um acaso. Testam continuamente todos os aspectos do seu negócio com utilizadores reais para garantir um elevado nível de satisfação dos clientes.

Isto deve-se ao facto de o cliente ser rei na Internet. A qualquer momento, os seus visitantes podem decidir abandonar o seu sítio Web e ir para outro sítio - normalmente para um rival. Todos nós já passámos por isso quando visitámos um sítio Web lento, com erros ou que simplesmente nos dificultava a realização dos nossos

Evaluation Method	Advantages	Disadvantages	Evaluation Method	Advantages	Disadvantages
Think aloud protocol \[Testing\]	• Less expensive • Results are close to what is experienced by users	• The Environment is not natural to the user	Interviews \[Inquiry\]	• Good at obtaining detailed information • Few participants are needed • Can improve customer relations	• Can not be conducted remotely • Does not address the usability issue of efficiency
Remote Usability testing \[Testing\]	• Efficiency, effectiveness and satisfaction, the three usability issues, are covered	• Additional Software is necessary to observe the participants from a distance	Cognitive walkthrough \[Inspection\]	• Good at refining requirements • does not require a fully functional prototype	• Does not address user satisfaction or efficiency • The designer may not behave as the average user when using the application
Focus groups \[Inquiry\]	• If done before prototypes are developed, can save money • Produces a lot of useful ideas from the users themselves • Can improve customer relations	• The environment is not natural to the user and may provide inaccurate results. • The data collected tends to have low validity due to the unstructured nature of the discussion	Pluralistic walkthrough \[Inspection\]	• Usability issues are resolved faster • Greater number of usability problems can be found at one time	• Does not address the usability issue of efficiency

[12]

objectivos.

O senso comum diz-nos que os seus utilizadores abandonarão rapidamente o seu sítio Web e farão compras noutro local se não conseguirem encontrar facilmente as informações ou se tiverem problemas em comprar os seus produtos.

E não voltarão.

O "2011 User Experience Buyer's Guide" da E-consultancy concluiu que uma boa experiência do utilizador:

Maximiza as vendas e as conversões em linha.

Melhora a perceção da marca

Melhora a classificação nas pesquisas do Google

Reduz a insatisfação e a rotatividade dos clientes

Reduz os custos de desenvolvimento e suporte[9]

Etapas do teste de usabilidade

Passo 1: Escreva o teste de usabilidade (com tarefas que funcionem efetivamente): Crie 5 tarefas para o utilizador executar. Escreva cenários para cada tarefa. Faça uma lista das perguntas de acompanhamento que gostaria de fazer.

Passo 2: Descubra participantes de todos os tamanhos (por assim dizer): Encontre pessoas que se enquadrem no seu público-alvo. Descubra pessoas com uma variedade de experiências. Descubra pessoas que odiarão o seu produto.

Etapa 3: Efetuar o teste de usabilidade (em menos de 60 minutos ou igual): Efectue um ensaio. Varie as tarefas e mantenha os testes num intervalo de 15-30 minutos. Não dê instruções ao utilizador. Faça perguntas. Deixe-o falar. Grave as sessões com um gravador de ecrã e tome notas. Registar os resultados numa escala de aprovação/reprovação.

Passo 4: Analisar os resultados (lendo as folhas de chá): Procure padrões. Destaque os comentários que podem melhorar o seu sítio Web. Lembre-se que os resultados são subjectivos, por isso discuta-os com a equipa. Combine os testes com outros métodos de recolha de dados. Teste novamente os seus pressupostos.

Vantagens:

Descobre os requisitos e tarefas reais do utilizador numa fase inicial do processo de conceção.

Equilíbrio entre o design gráfico e as operações.

Fornecer provas claramente definidas para as recomendações de conceção.

Minimiza os custos, antecipando e eliminando potenciais obstáculos para os utilizadores.

Poupança de custos notável graças à produtividade dos utilizadores.

Oferecer benefícios competitivos e satisfação.

Garantir mais negócios de acompanhamento através de clientes convencidos e satisfeitos.

Reduz o tempo necessário para a personalização do utilizador e reduz os erros.

Custos mais baixos para o apoio ao cliente.

Aumento da produtividade dos utilizadores

Desvantagens:

Os testes de adequação ao objetivo oferecem muitas vantagens, mas há também algumas desvantagens na utilização deste método que devem ser consideradas. Em primeiro lugar, os testes não são 100% representativos da situação real, por exemplo, uma mãe não terá os seus dois filhos pequenos a correr como se estivesse em casa. Além disso, os testes de usabilidade são principalmente categóricos ou aproximados, pelo que não fornecem as grandes amostras de feedback que um questionário fornece, mas o feedback pode ser aproximado e estimado.

CONCLUSÕES

A usabilidade desempenha um papel importante em todas as fases do processo de conceção. Testes de usabilidade para o utilizador final ou cliente: Melhor qualidade do software, utilização sem esforço do software, aceitação mais fácil do software pelos utilizadores, menor esforço de aprendizagem para os novos utilizadores. Os testes de usabilidade podem ser modificados para abranger muitos outros tipos de testes, por exemplo, testes funcionais, testes de integração de sistemas, testes de fumos, testes unitários, etc. Os testes de usabilidade podem ser muito baratos se forem bem planeados, mas muito eficazes e úteis. Se forem utilizados os recursos certos (testadores experientes e criativos), os testes de usabilidade podem ajudar a encontrar soluções para quaisquer problemas que o utilizador possa ter, mesmo antes de o sistema ser finalmente disponibilizado ao utilizador. Isto pode conduzir a um elevado desempenho e a um sistema normalizado.

Os testes de usabilidade podem ajudar a descobrir potenciais erros e falhas no sistema que, geralmente, não são visíveis para os programadores e escapam mesmo a outros tipos de testes. Neste livro, discutimos a usabilidade, o processo de teste de usabilidade, os componentes do teste de usabilidade, os métodos de avaliação, a importância da experiência do utilizador e os prós e contras do teste de usabilidade.

CAPÍTULO 6

TESTAR APLICAÇÕES WEB COM A ESTRUTURA DE TESTES SELENIUM

O Selenium é uma ferramenta para testar aplicações Web e é também um software de código aberto. A estrutura Selenium para testes automatizados tornou-se rapidamente um método popular e bem sucedido para testes automatizados de sítios Web. As ferramentas Selenium são amplamente utilizadas para testar a interface gráfica do utilizador e a funcionalidade de aplicações baseadas na Web desenvolvidas para todos os tipos de indústrias, desde viagens a produtos farmacêuticos, biotecnologia, comércio eletrónico e outras tecnologias. A ferramenta de teste de automação Selenium proporciona uma forma económica de utilizar uma estrutura de teste de código aberto para o desempenho e outros parâmetros para certificar a compatibilidade, a precisão, o aspeto e a personalização das aplicações Web. Neste livro, falámos sobre o Selenium, o IDE Selenium - os comandos mais utilizados, a necessidade do Selenium, o pacote de testes Selenium, a comparação com o QTP, as vantagens e desvantagens do Selenium.

INTRODUÇÃO

O Selenium é uma estrutura de teste de software portátil para aplicações Web. O Selenium fornece uma ferramenta de registo-recuperação para criar testes sem aprender uma linguagem de script de teste (Selenium IDE). O Selenium consiste numa série de ferramentas de software diferentes, cada uma com uma abordagem diferente para suportar a automatização de testes. A maioria dos engenheiros de garantia de qualidade do Selenium concentra-se em uma ou duas ferramentas que melhor atendem às necessidades de seu projeto, mas aprender todas essas ferramentas oferece muitas opções diferentes para lidar com diferentes problemas de automação de teste. Todo o conjunto de testes disponível oferece uma grande variedade de funcionalidades de teste especificamente concebidas para satisfazer as necessidades dos testes de aplicações Web. Estas operações são completamente flexíveis, fornecendo muitas opções para localizar elementos da interface do utilizador e comparar os resultados de teste esperados com o comportamento real da aplicação. Uma das caraterísticas mais importantes do Selenium é o seu suporte para a execução de testes em várias plataformas de navegadores [8]. Trata-se de um software de código aberto que funciona nas três principais plataformas - Windows, Mac e Linux. O Selenium suporta uma vasta gama de linguagens de programação, incluindo, entre outras, Ruby, Perl, Python, Java, C# e PHP. O melhor do Selenium é que lhe permite testar aplicações Web sem qualquer conhecimento de uma linguagem de script de teste. É possível escrever testes numa série de linguagens de programação populares, incluindo

Java, C#, Perl, PHP, Ruby e Python. Os testes podem ser efectuados na maioria dos navegadores Web. O Selenium pode ser utilizado na maioria das plataformas, como Linux, Windows e Macintosh. É um software de código aberto publicado sob a licença Apache 2.0 e pode ser descarregado e utilizado gratuitamente.

Objetivo **DO ESTUDO**
Saber o que é o selénio
Compreender a necessidade do Selenium Testing Framework
Conhecimento dos pacotes de teste Selenium.
Analisar as diferenças entre o Selenium e o QTP-Quick Test Professional.
Conhecimento das vantagens e desvantagens do Selenium Testing Framework

TRABALHO EM REDE

O Selenium é um conjunto de código aberto para testes automatizados de aplicações Web em vários navegadores e plataformas que suporta várias linguagens de programação. O Selenium é uma ferramenta de teste funcional da Web. O Selenium não é apenas uma ferramenta única, mas consiste em quatro componentes: Selenium Grid, Selenium RC, Selenium IDE e Selenium Web Driver. O Selenium IDE é um plug-in do Firefox que pode ser utilizado para desenvolver casos de teste,

O Selenium RC executa testes em qualquer navegador compatível com JavaScript (que está agora disponível em todos os navegadores Web) com uma vasta gama de linguagens de programação, o Web Driver foi concebido para suportar melhor as páginas Web dinâmicas, em que os elementos de uma página podem mudar sem recarregar a própria página, e o Selenium Grid permite-lhe executar os seus testes em diferentes máquinas com diferentes navegadores[1].

A automatização completa dos testes Selenium foi especialmente concebida para testes Web. Outras tecnologias não podem ser automatizadas. O resultado do Selenium é muito complexo e envolve a integração de muitos outros componentes. O processo de automatização dos testes Selenium torna necessário que um programador teste as suas capacidades. Ao escolher uma ferramenta neste domínio, é muito importante ter muito mais em conta o custo. Concluo que o Selenium pode ser a escolha certa para determinadas situações, mas o QTP pode ser a melhor escolha em muitas outras situações[2].
O Selenium é uma ferramenta para criar testes automatizados e melhorar o desempenho dos testes. Os testes automatizados são utilizados pelos programadores de software para poupar recursos e tempo. O Selenium é uma ferramenta de automatização de código aberto para aplicações baseadas na Web. É executado diretamente no navegador Web e suporta quase todos os navegadores disponíveis, como o Google Chrome e o Mozilla Firefox,
Internet Explorer da Microsoft, Opera e Safari do Macintosh. Funciona em todas as plataformas, como Linux, Windows e Mac. É uma ferramenta muito útil para testes funcionais de sistemas e testes

de compatibilidade/relação de browsers. Em comparação com outras ferramentas de automatização disponíveis, é realmente poderosa, muito flexível e fácil de utilizar[3].

Atualmente, tudo se baseia na Internet e, por isso, está a tornar-se cada vez mais complexo. Esta enorme plataforma de informação e o rápido ciclo de publicação exigem uma rápida regeneração do sítio Web. Para tal, é necessário que a aplicação Web seja abrangente, extensível e eficiente. Existem várias estruturas que incluem ferramentas de automatização para este efeito. Neste livro, falaremos sobre a ferramenta de automação Selenium que é utilizada na estrutura para obter melhores resultados. Como sabemos, por vezes pode ser um problema escolher a estrutura correta para os testes de automatização. O Selenium é um conjunto de ferramentas que funcionam com muitos sistemas operativos, navegadores, linguagens de programação e diferentes estruturas de teste, individualmente com diferentes abordagens para apoiar os testes de automatização para testes de aplicações baseadas na Web[4].

O teste de software é um processo muito moroso e complexo. Uma forma de reduzir o esforço envolvido nos testes é gerar automaticamente dados de teste. Os testes são uma parte muito importante do desenvolvimento de software. A qualidade não é um conceito absoluto; é um valor para algumas pessoas ou para uma pessoa. Neste sentido, os testes nunca podem determinar completamente a correção de qualquer software de computador.

fornece uma crítica ou comparação que confronta o estado e o comportamento do produto com uma especificação. Podem ser produzidos vários artefactos ao testar software. Por isso, propusemos um modelo para melhorar a qualidade e a correção e reduzir o tempo de teste de software. [5]

Escrever testes automáticos é uma técnica necessária que pode poupar dinheiro e tempo e ajudar as organizações a responder melhor às mudanças no mundo real. Mas se não utilizarmos corretamente uma estrutura de testes, surgem mais problemas. Este artigo apresenta uma estrutura de testes automáticos baseada no Selenium que pode ajudar a resolver estes problemas. A estrutura utiliza o Selenium Application Frame Work para obter valores de página, o

DbFit para iniciar a base de dados, o FitNesse para gerir os componentes de teste e uma DSL para escrever componentes de teste. Isto pode reduzir significativamente o número de linhas de código de teste e o tempo necessário para o desenvolvimento do projeto, reduzir a taxa de erro, facilitar a escrita de componentes/tabelas de teste, melhorar a produtividade da programação e a qualidade do produto final[6].

O Selenium é um conjunto de ferramentas de software poderosas que funcionam com muitos navegadores, linguagens de programação, sistemas operativos e estruturas de teste, cada uma oferecendo uma abordagem diferente para apoiar os testes de automatização para testes de aplicações baseadas na Web. O JMeter é utilizado para simular uma carga pesada num servidor, rede ou qualquer objeto para testar a sua força ou analisar o desempenho geral sob diferentes tipos de carga. O JMeter funciona ao nível do protocolo, enquanto o Selenium funciona ao nível do utilizador. Neste livro, os autores desenvolveram uma estrutura de teste de software automatizado para aplicações Web baseada no JMeter e no Selenium, ambos de código aberto. Ao utilizar a estrutura de software, melhoramos de forma eficiente a reutilização e a extensibilidade dos testes automatizados[7].

Selenium IDE - Os comandos utilizados com mais frequência
Estes são os comandos utilizados com mais frequência no IDE do Selenium:
open: É utilizado para abrir uma página com um URL.
Clique: Clique no objeto/elemento na página.
clickAndWait: executa um processo de clique e, opcionalmente, aguarda o carregamento de uma nova página.
verifyTitle: Verifica o título esperado e, se falhar, continua a execução.
assertTitle: Verifica o título de uma página e pára a execução se falhar.
verifyTextPresent: Verifica se o texto esperado está disponível em qualquer parte da página.
verifyElementPresent: verifica um elemento esperado da interface

do utilizador, tal como definido pela respectiva etiqueta HTML.
verifyText: Verifica se o texto esperado e a etiqueta HTML correspondente estão presentes na página.
waitForPageToLoad: Faz uma pausa na execução até que uma nova página esperada seja carregada.
waitForElementPresent: Faz uma pausa na execução até que um elemento esperado da interface do utilizador, tal como definido pela respectiva etiqueta HTML, esteja presente na página. Utilizado para chamadas AJAX[9].

NECESSIDADE DE SELÉNIO

O Selenium é atualmente a melhor ferramenta para testes automatizados de sítios Web. Está a tornar-se cada vez mais popular e é a primeira/melhor escolha dos testadores de automação e das organizações para automatizar o teste de aplicações baseadas na Web, tanto para a interface gráfica do utilizador como para a funcionalidade. O Selenium também pode ser utilizado como uma ferramenta de teste unitário para JavaScript. O gráfico abaixo mostra a popularidade do Selenium juntamente com outras ferramentas de automatização de testes de código aberto.

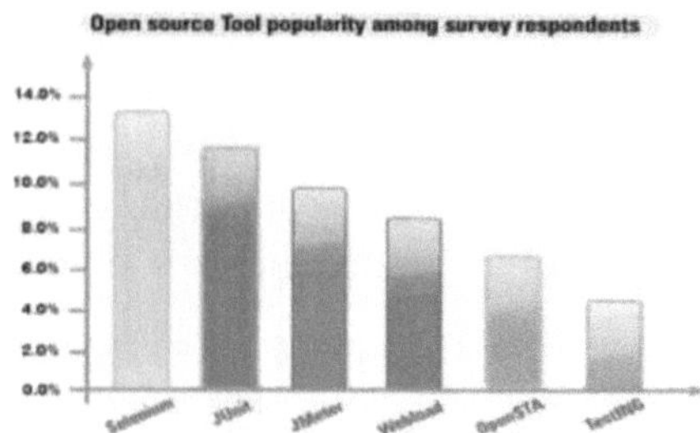

Pacote de testes Selenium

O Selenium contém vários componentes de teste que consistem em três ferramentas importantes. Cada uma delas tem um papel específico no desenvolvimento da automatização de testes para uma aplicação Web.
Selenium IDE - Uma extensão do Firefox para registar casos de teste

e conjuntos de testes.
Selenium RC - Utilizado para executar testes em diferentes browsers e sistemas.
Selenium Grid - Executa várias instâncias do Selenium RC ao mesmo tempo.

Qualitia e Tellurium - Um wrapper para o motor Selenium.
Modos de selénio:
O Selenium tem os três modos seguintes para a execução de casos de teste e conjuntos de testes, com base nos componentes:

Modo de gravação e reprodução (Selenium IDE):

Neste modo, apenas o Selenium IDE é utilizado para registar os cenários de teste sob a forma de casos de teste no Firefox. Esta é uma óptima maneira de começar a escrever testes e combiná-los num conjunto de testes. Os testes gravados podem ser utilizados em muitas linguagens de programação, pelo que podemos optimizá-los e adicioná-los à estrutura de teste. Para verificar as verificações e validações, os casos de teste e os conjuntos de testes podem ser reproduzidos ou enviados para o Selenium RC ou Grid para posterior otimização.
Modo de controlo remoto Selenium (RC)
O Selenium abre vários navegadores (um após o outro) neste modo e, em seguida, executa os casos de teste gravados, que são guardados no idioma da sua escolha. Isto ajuda a alargar os casos de teste com técnicas de programação para cobrir todas as verificações e cenários de teste necessários.
Modo de execução de testes
Os casos de teste são registados e apresentados aqui sob a forma de tabelas HTML.
Outra forma de executar os casos de teste RC e o Selenium IDE é esta. Isso ajuda com
é melhor verificar os relatórios dos resultados dos ensaios, se ainda não estiverem formatados. [9]

A comparação entre o Selenium e o QTP é a seguinte:.

FEATURES	SELENIUM	QTP
Cost	Open source & Portable	Licensed and very expensive; Ten user license costs approx. 60L
Application support	Web Applications only	Client server applications only (like built in TCL/TK and PowerBuilder)
Support for web browsers	Supports IE, Firefox, Safari and Opera	Supports IE & Firefox only
Object Oriented Language support & Scalability	Supports Java, .Net, Perl, PHP, Python, and Ruby	Supports VB script only

Support for operating system/platforms	Supports Windows PC/MAC/UNIX Platforms	Supports Windows Platform only
Support for Test management tool integration	Not available. Need to track separately	TD/QC will be easily integrated
Test Development Environment	We can use wide range of IDEs like Eclipse, Net beans, Visual Studio etc	Need Separate environment
UI object management & Storage	Managed using UI-Element user extension and properties A set of dynamically loaded libraries that is stored in the Java archive	Built-in object repository and easy handling

	file.	
Support for Dialog Boxes	Supports partially	Supports all kinds of dialog boxes
Support for File upload (system)	Not available	Supports all kinds of File upload

VANTAGENS E DESVANTAGENS DO SELENIUM

Vantagens da utilização do Selénio

Testes simples e poderosos ao nível do DOM

Pode ser utilizado para integração contínua em projectos ágeis.

Tem uma grande flexibilidade e extensibilidade, bem como uma forte integração com o browser que não é igualada pelas ferramentas proprietárias disponíveis.

Suporta vários browsers como o IE, Firefox, Opera ou Safari no Mac OS, Windows e Linux.

Suporta linguagens de programação orientadas para objectos, como .NET, Ruby, Perl, JAVA, PHP, etc.

Oferece a possibilidade de utilizar uma vasta gama de IDE, como Net Beans, Eclipse, etc., consoante a escolha da linguagem de desenvolvimento.

Desvantagens do selénio: -

Suporta apenas aplicações de browser e não aplicações Windows

Não suporta o carregamento de ficheiros a partir do computador local Fornece suporte parcial para as caixas de diálogo
Uma vez que o Selenium é um programa de fonte aberta, não existe apoio técnico oficial[10].

CONCLUSÕES

O Selenium é um software de fonte aberta e também uma ferramenta para testar aplicações Web. Num curto espaço de tempo, a estrutura de testes de automação Selenium tornou-se um método popular e bem sucedido para testes automatizados de sítios Web. É muito flexível e extensível. Juntamente com a sua forte integração com o browser, não tem rival nas ferramentas proprietárias disponíveis. Atualmente, tudo é baseado na Web e, por conseguinte, cada vez mais complexo. Isto exige uma grande plataforma de informação, um ciclo de publicação rápido e uma regeneração rápida. Isto exige que a aplicação Web seja abrangente, extensível e eficiente. Pode reduzir os custos de licenciamento utilizando o QTP com Selenium como uma ferramenta de automatização de testes funcionais.

REFERÊNCIAS

[1]   Abha Jain, Manish Jain, Sunil Dhankar - "A Comparison of RANOREX and QTP Automated Testing Tools and their impact on Software Testing". Jornal Internacional de Engenharia, Gestão e Ciências (IJEMS) ISSN-2348 -3733, Volume-1, Edição-1, janeiro de 2014

[2]   Harpreet Kaur, Dr. Gagan Gupta: "Estudo comparativo de ferramentas de teste automatizado: Selenium, Quick Test Professional e Testcomplete". IJERA ISSN: 22489622, Vol. 3, Issue 5, pp.1739-1743 Sep-Out 2013

[3]   Mohd. Ehmer Khan, Farmeena Khan - "Um estudo comparativo das técnicas de teste de caixa branca, caixa preta e caixa cinzenta". (IJACSA) Revista Internacional de Informática Avançada e Aplicações, Vol. 3, No.6, 2012

[4]   H.S. Samra-"A Study on Software Testing"- Jornal Internacional de Pesquisa Avançada em Ciência da Computação e Engenharia de Software". IJARCSSE ISSN: 2277 128X Volume 3, Edição 1, janeiro de 2013

[5]   Muhammad Shahid, Suhaimi Ibrahim e Mohd Naz'ri Mahrin-"A Study on Test Coverage in Software Testing"- International Conference on Telecommunication
Tecnologia e Aplicações - IACSIT Press, Singapura. Proc. do CSIT vol.5 2011

[6]   Shivkumar Hasmukhrai Trivedi-"Técnicas de teste de software"- Jornal Internacional de Pesquisa Avançada em Ciência da Computação e Engenharia de Software ISSN: 2277 128X, Volume 2, Edição 10, outubro de 2012

[7]   http://istqbexamcertification.com/what-are-software-testing-levels/

[8]   http://www.softwaretestingclass.com/automation-testing-vs-manual-testing/

[9]   http://automationinqtp.blogspot.in/2013/01/qtp-vs-selenium.html

[10] http://www.softwaretestingclass.com/importance-of-test/

[11] http://www.nngroup.com/articles/usability-101-

introducao-usabilidade/

[12] http://www.measuringusability.com/blog/ux-methods.php

[13] http://en.wikipedia.org/wiki/Comparison_of_usability _methods_analysis_methods

[14] Chandraprabha, Ajeet Kumar, Sajal Saxena - "ESTUDO SISTEMÁTICO DE UMA FERRAMENTA DE TESTE WEB: SELENIUM". IJARSE -ISSN-2319-8354(E), Vol. No.2, Issue No.11,Pages-113-120 , novembro 2013

[15] Richa Rattan- "ESTUDO COMPARATIVO DE FERRAMENTAS DE TESTE DE AUTOMAÇÃO: QUICK TEST PRO E SELENIUM". VSRD Revista Internacional de Ciência da Computação e Tecnologia da Informação, Vol. 3 N o. 6 junho de 2013

[16] Sherry Singla, Harpreet Kaur. "Estrutura de teste de automação orientada por palavras-chave do Selenium". IJARCSSE ISSN: 2277 128X, Volume 4, Edição 6, junho de 2014

[17] Sra. Rigzin Angmo, Sra. Monika Sharma- "Selenium Tool: Uma estrutura baseada na web para testes de automação". IJETCAS-ISSN (Online): 2279-0055. 8(4), março-maio, 2014

[18] Deepti Gaur, Dr Rajender Singh Chhillar- "Implementação de Selenium com JUNIT e Test-Ng". IJCSMS International Journal of Computer Science and Management Studies, Vol. 12, Issue 03,ISSN (Online): 2231-5268. Sept 2012

[19] Xinchun Wang, Peijie Xu, "Building an auto-testing framework based on Selenium and FitNesse". Conferência Internacional sobre Tecnologia da Informação e Ciência da Computação, 2009. ITCS 2009. página(s):436 - 439 ISBN:978-0-7695-3688-0 IEEE 25-26 de julho de 2009

[20] Fei Wang, Wencai Du-"A Test Automation

Enquadramento com base na WEB" 11ª Conferência Internacional de

Conferência sobre Ciências da Computação e da

Informação (ICIS), ISBN:978-1-4673-1536-4 IEEE/ACIS 30 de maio de 2012-1 de junho de 2012

[21] http://docs.seleniumhq.org/docs/01_introducing_seleni um.jsp

[22] http://www.xoriant.com/blog/software-testing-and-qa/selenium-open-source-test-automation-tool-an-overview.html

[23] http://automationinqtp.blogspot.in/2013/01/qtp-vs-selenium.html

[24] de Castro, A.M.F.V. Macedo, G.A. ; Collins, E.F. ; Dias-Neto, A.C.- "Extensão da ferramenta Selenium RC para realização de testes automatizados com bases de dados em aplicações web" 8th International Workshop on Automation of Software Test (AST), -INSPEC Accession Number: 13752093 - IEEE 18-19 May 2013

[25] Dianxiang Xu, Weifeng Xu ; Bavikati, B.K. ; Wong, W.E.- "Mining Executable Specifications of Web Applications from Selenium IDE Tests"- IEEE Sixth International Conference on Software Security and Reliability (SERE), ISBN: 978-1-4673-2067-2 -IEEE 20-22 de junho de 2012

[26] http://www.tutorialspoint.com/selenium/selenium_qui ck_guide.htm

[27] [1] Xiaoxiao Ma, Bo Yan Guanling Chen- "Design and Implementation of a Toolkit for Usability Testing of Mobile Apps" Publicado online: 21 de novembro de 2012 - Springer Science -Business Media New York 2012.

[28] [2] R Ramchandra Nimbalkar - "Mobile Application Testing and Challenges" - International Journal of Science and Research (IJSR), - Volume 2 Issue 7, July 2013 -India Online ISSN: 2319-7064

[29] [3] http: // www.tcs.com /resources/white_ books/Pages/ Mobile_application_testing.aspx

[30] [4]http://en.wikipedia.org/wiki/Mobile_application _testing

[31] [5]   http://www.infosys.com/flypp/resources/

Documents/ mobile-application-testing.pdf

[32] [6]http://www.rapidvaluesolutions.com/mobile-application-test-step-by-step-approach/

[33] [7] http://mindqsystems.com/Mobile_Testing.php

[34] [8] http://www.tutorialspoint.com/white-livros/335.pdf

[35] [9] Julian Harty, Mahadev SatyanarayananA - Practical Guide to Testing Wireless Smartphone Applications (Synthesis Lectures on Mobile and Pervasive Computing)- 2009 - ISBN-10: 1608452530

[36] [10]Rex Black: Advanced Software Testing - Vol. 1, Shroff Publishers, 2011

[37] [11] Srinivasan Desikan Gopalaswamy: Software Testing Principles and Practices, 5

[38] ª Edição, Pearson Education, 2007

[39] [12] http://www.qaac.org/wp-Contents/Uploads/2012/07/Mobile-Testing-QAAC .pdf

[40] [1] Xiaoxiao Ma, Bo Yan Guanling Chen- "Design and Implementation of a Toolkit for Usability Testing of Mobile Apps" Publicado online: 21 de novembro de 2012 - Springer Science -Business Media New York 2012.

[41] [2] R Ramchandra Nimbalkar - "Mobile Application Testing and Challenges" - International Journal of Science and Research (IJSR), - Volume 2 Issue 7, July 2013 -India Online ISSN: 2319-7064

[42] [3] Http://www.tcs.com/resources/white_books/Pages/ Mobile_application_testing.aspx

[43] [4] http://en.wikipedia.org/wiki/Mobile_application Exame

[44] [5]http://www.infosys.com/flypp/resources/ Documents/ mobile-application-testing.pdf [45] [6] http://www.rapidvaluesolutions.com/mobile- application-testing-step-by-step-approach/

[46] [7] http://mindqsystems.com/Mobile_Testing.php

[47] [8] http://www.tutorialspoint.com/white-livros/335.pdf

[48] [9] Julian Harty, Mahadev Satyanarayanan A - Practical Guide to Testing Wireless Smartphone Applications (Synthesis Lectures on Mobile and Pervasive Computing)- 2009 - ISBN-10: 1608452530

[49] [10] Rex Black: Advanced Software Testing - Vol. 1, Shroff Publishers, 2011

[50] [11] Srinivasan Desikan Gopalaswamy: Software Testing Principles and Practices, 5ª edição, Pearson Education, 2007

[51] [12] http://www.qaac.org/wp-Contents/Uploads/2012/07/Mobile-Testing-QAAC .pdf

[52] [13] Selvam R, Dr. V. Karthikeyani - "Teste de software móvel - Estratégias de conceção de casos de teste automatizados" (IJCSE)- ISSN : 0975-3397- Vol. 3 No. 4 Apr 2011

[53] Sivaji, A. Abdullah, A. Downe, A.G. "Usability Testing Methodology: Effectiveness of Heuristic Evaluation in E-Government Website Development" Fifth Asia Modelling Symposium (AMS), Kuala Lumpur, Página(s): 68 - 72 ISBN:978-1-4577-0193-1 IEEE - 2426 maio 2011

[54] Hart, D. Portwood, D.M.- "Usability Testing of Web Sites designed for Communities of Practice: tests of the IEEE Professional Communication Society (PCS) web site combining specialised heuristic evaluation and taskbased user testing" - IEEE International Professional Communication Conference, 2009 IPCC 2009, Waikiki, HI Página(s):1 - 17 E-ISBN :978-1-4244-4358-1 IEEE- 19-22 julho 2009

[55] Moritz, F. Meinel, C.- "Mobile Web Usability Evaluation - Combining the Modified Think Aloud Method with the Testing of Emotional, Cognitive and Conative Aspects of the Usage of a Web Application." 9th International Conference on Computer and Information Science (ICIS), , Yamagata Page(s):367 - 372 Print ISBN:978-1-4244-8198-9 IEEE/ACIS 18-20 Aug. 2010

[56] Borjesson, E. Feldt, R. "Automated System Testing Using Visual GUI Testing Tools: Um estudo comparativo na indústria". IEEE Fifth International Conference on Software Testing, Verification and Validation (ICST), , Montreal, QC Page(s):350 - 359 Print ISBN:978-1-4577-1906-6 IEEE- 17-21 April 2012

[57] Ahmad, W.F.W. Sulaiman, S. ; Johari, F.S. "Usability Management System (USEMATE): Um sistema automatizado baseado na Web para a gestão sistemática de testes de usabilidade". Conferência Internacional sobre Ciência e Engenharia do Utilizador (i-USEr). Página(s):110 - 115 Impressão ISBN:978-1-4244-9048-6 IEEE-13-15 Dez. 2010

[58] Sivaji, A. Abdullah, M.R. ; Downe, A.G. ; Ahmad, W.F.W. "Hybrid Usability Methodology: Integrating Heuristic Evaluation with Laboratory Testing across the Software Development Lifecycle" Tenth International Conference o Information Technology: New Generations (ITNG), , Las Vegas, NV Página(s): 375 - 383 ISBN: 9780-7695-4967-5 IEEE- 15-17 abril 2013

[59] http://www.uie.com/articles/successful_usability_test

[60] http://istqbexamcertification.com/what-is-usability-testing-in-software-and-its-benefits-for-the-user/

[61] http://www.whatusersdo.com/sme/what-is-the-user-experiences.php

[62] http://www.nngroup.com/articles/usability-101-introduction-to-usability/

[63] http://www.measuringusability.com/blog/ux-methods.php

[64] http://en.wikipedia.org/wiki/Comparison_of_usability_methods_analysis_methods

[65] Chandraprabha, Ajeet Kumar, Sajal Saxena - "ESTUDO SISTEMÁTICO DE UMA FERRAMENTA DE TESTE WEB: SELENIUM". IJARSE -ISSN-2319-8354(E), Vol. No.2, Issue No.11,Pages-113-120 , novembro 2013

[66] Richa Rattan- "ESTUDO COMPARATIVO DE FERRAMENTAS DE TESTE DE AUTOMAÇÃO: QUICK TEST PRO E SELENIUM". VSRD Revista Internacional de Ciência da Computação e Tecnologia da Informação, Vol. 3 N o. 6 junho de 2013

[67] Sherry Singla, Harpreet Kaur. "Estrutura de teste de automação orientada por palavras-chave do Selenium". IJARCSSE ISSN: 2277 128X, Volume 4, Edição 6, junho de 2014

[68] Sra. Rigzin Angmo, Sra. Monika Sharma- "Selenium Tool: Uma estrutura baseada na web para testes de automação". IJETCAS-ISSN (Online): 2279-0055. 8(4), março-maio, 2014

[69] Deepti Gaur, Dr Rajender Singh Chhillar- "Implementação de Selenium com JUNIT e Test-Ng". IJCSMS International Journal of Computer Science and Management Studies, Vol. 12, Issue 03,ISSN (Online): 2231-5268. Sept 2012

[70] Xinchun Wang, Peijie Xu, "Building an auto-testing framework based on Selenium and FitNesse". Conferência Internacional sobre Tecnologia da Informação e Ciência da Computação, 2009. ITCS 2009. página(s):436 - 439 ISBN:978-0-7695-3688-0 IEEE 25-26 de julho de 2009

[71] Fei Wang, Wencai Du-"A Test Automation Framework Based on WEB" 11th International Conference on Computer and Information Science (ICIS), ISBN:978-1-4673-1536-4 IEEE/ACIS May 30 2012-June 1 2012

[72] http://docs.seleniumhq.org/docs/01_introducing_seleni um.jsp

[73] http://www.xoriant.com/blog/software-testing-and-qa/selenium-open-source-test-automation-tool-an-overview.html

[74] http://automationinqtp.blogspot.in/2013/01/qtp-vs-selenium.html

Índice

Printed by Books on Demand GmbH, Norderstedt / Germany